글 이숙자

만화 스토리 작가로 왕성하게 활동하고 있습니다. 지금까지 고전, 명작, 과학, 논술, 경제 등 다양한 분야의 학습 만화 작업을 해 왔습니다. 현재는 어린이들이 닮고 싶고, 되고 싶은 인물 이야기를 쓰는 데 열중하고 있습니다.

그림 이일호

1986년 만화계에 입문하여 잡지 및 신문 만화 연재에 참여했습니다. 대표 작품으로는 아동 학습 만화 《스펀지》, 《두뇌 월드 Q》, 《황금 교실》, 《바람의 비행사 라시언》과 소년 조선일보 신문 연재 《의료 특공대 아야》 등이 있습니다.

감수 경기초등사회과연구회
진로 탐색 감수 이랑(한국고용정보원 전임연구원)
추천 송인섭(숙명 여자 대학교 명예 교수)

 **세계 인물**

하인리히 슐리만

개정판 1쇄 인쇄 2024년 11월 15일
개정판 1쇄 발행 2025년 1월 1일

글 이숙자 그림 이일호

펴낸이 김선식
펴낸곳 다산북스

부사장 김은영
어린이사업부총괄이사 이유남
책임편집 박세미 **디자인** 김은지 **책임마케터** 김희연
어린이콘텐츠사업1팀장 박정민 **어린이콘텐츠사업1팀** 김은지 박세미 강푸른
마케팅본부장 권장규 **마케팅3팀** 최민용 안호성 박상준 김희연
편집관리팀 조세현 김호주 백설희 **저작권팀** 이슬 윤제희 **제휴홍보팀** 류승은 문윤정 이예주
재무관리팀 하미선 김재경 임혜정 이슬기 김주영 오지수
인사총무팀 강미숙 이정환 김혜진 황종원
제작관리팀 이소현 김소영 김진경 최완규 이지우 박예찬
물류관리팀 김형기 김선민 주정훈 김선진 한유현 전태연 양문현 이민운

출판등록 2005년 12월 23일 제313-2005-00277호
주소 경기도 파주시 회동길 490
전화 02-704-1724 **팩스** 02-703-2219
다산어린이 카페 cafe.naver.com/dasankids **다산어린이 블로그** blog.naver.com/stdasan
종이 신승INC **인쇄** 북토리 **코팅 및 후가공** 평창피앤지 **제본** 대원바인더리

ISBN 979-11-306-5836-0 14990

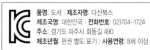

품명: 도서	**제조자명**: 다산북스
제조국명: 대한민국	**전화번호**: 02)704-1724
주소: 경기도 파주시 회동길 490	
제조년월: 판권 별도 표기	**사용연령**: 8세 이상

※ KC마크는 이 제품이 공통안전기준에 적합하였음을 의미합니다.

하인리히 슐리만

Heinrich Schliemann

디선
어린이

자신만의 멘토를 만날 수 있는
who? 시리즈

  다산어린이의 〈who?〉 시리즈는 어린이들은 물론 어른들에게도 재미와 감동을 주는 교양 만화입니다. 〈who?〉 시리즈는 전 세계 인류에 영향력을 끼친 인물들로 구성되었으며 인물들의 삶과 사상을 객관적으로 전해 줍니다.

  이처럼 다양한 나라와 분야에서 활약한 위인들의 이야기를 통해 과학, 예술, 정치, 사상에 관한 정보는 물론이고, 나라별 문화와 역사까지 배우게 될 것입니다. 〈who?〉시리즈의 가장 큰 장점은 위인들이 그들의 삶에서 겪은 기쁨과 슬픔, 좌절과 시련, 감동을 어린이들이 함께 느낄 수 있다는 것입니다. 어린이들은 이 책을 읽으면서 폭넓은 감수성을 함양하게 됩니다.

  〈who?〉 시리즈의 어린이 독자들이 책 속의 위인들을 통해 자신만의 멘토를 만나 미래의 세계적인 리더로 성장하기를 진심으로 응원합니다.

존 덩컨 미국 UCLA 동아시아학부 교수

존 덩컨(John B. Duncan) 교수는 한국학 분야의 세계적인 석학으로 미국 UCLA 한국학 연구소 소장 및 동 대학의 동아시아학부 교수를 겸직하고 있습니다. 하버드 대학교 교환 교수와 고려 대학교 해외 교육 프로그램 연구센터장을 역임했으며, 주요 저서로는 《조선 왕조의 기원》, 《조선 왕조의 시민 행정의 제도적 기초》 등이 있습니다.

세상을 더 나은 곳으로 만든 사람들의 이야기

어린이들은 자라면서 수많은 궁금증을 가지게 됩니다. 그중에서도 "저 사람은 누굴까?"라는 질문은 종종 아이들의 머릿속을 온통 지배해 버리기도 합니다. 다산어린이에서 출간된 〈who?〉 시리즈는 그런 궁금증을 해결해 주기 위해 지구촌 다양한 분야의 리더들을 소개하고 있습니다.

〈who?〉 시리즈에 등장하는 인물들은 인종과 성별을 넘어 세상을 더 나은 곳으로 만든 사람들입니다. 어린이들은 이 책에서 디지털 아이콘으로 불리는 스티브 잡스는 물론 니콜라 테슬라와 같은 천재 발명가를 만날 수 있습니다.

책 속 주인공들의 어린 시절 이야기를 통해 도전과 성취감을 함께 맛보고, 그들과 함께 성장하면서 스스로 창조적이고 인류에 도움이 되는 사람이 되겠다는 포부와 자신감을 갖게 될 것입니다.

〈who?〉 시리즈 속에서 다채롭고 생동감 넘치는 위인들의 이야기를 만나 보세요.

에드워드 슐츠 하와이 주립 대학교 언어학부 교수

에드워드 슐츠(Edward J. Shultz) 하와이 주립 대학교 언어학부 교수는 동 대학의 한국학센터 한국학 편집장을 역임한 세계적인 석학입니다. 평화봉사단 활동의 하나로 한국에서 영어 교사로 근무한 경험이 있으며, 현재 한국과 미국, 일본을 오가며 활발한 활동을 펼치고 있습니다. 저서로는 《중세 한국의 학자와 군사령관》, 《김부식과 삼국사기》 등이 있고, 한국 중세사와 정치에 대한 다수의 기고문을 출간했습니다.

미래 설계의 힘을 얻는 길이 여기에 있습니다

어린이가 성장하는 시기에는 스스로 미래를 설계하며 다양한 책을 접하는 경험이 필요합니다.

어린 시절 만난 한 권의 책이 인생에 미치는 영향이 얼마나 큰지는 꿈을 이룬 사람들의 말을 통해서 알 수 있습니다. 빌 게이츠는 오늘날 자신을 만든 것은 동네의 작은 도서관이었다고 말하고, 오프라 윈프리는 어린 시절 유일한 친구는 책이었음을 고백하며 독서의 중요성에 대해 이야기합니다.

꿈을 이룬 사람들의 공통점은 또 있습니다. 그들에게는 어린 시절, 마음속에 품은 롤 모델이 있었습니다. 여러분의 롤 모델은 누구인가요? 〈who?〉 시리즈에서는 현재 우리 어린이들이 가장 닮고 싶어하는 롤 모델을 만날 수 있습니다. 버락 오바마, 빌 게이츠, 조앤 롤링, 스티브 잡스 등 세상을 바꾼 사람들의 감동적인 이야기를 담은 〈who?〉 시리즈는 어린이들이 구체적인 목표를 설정하고 희망찬 비전을 세울 수 있도록 도와줄 친구이며 안내자입니다. 〈who?〉 시리즈를 통하여 자신의 인생 모델을 찾고 미래 설계의 힘을 얻을 수 있습니다.

송인섭 숙명 여자 대학교 명예 교수

숙명 여자 대학교 명예 교수이자 한국영재교육학회 회장으로 자기주도학습 분야의 최고 권위자입니다. 한국교육심리연구회 회장, 한국교육평가학회 회장, 한국영재연구원 원장을 역임했습니다. 자기주도학습과 영재 교육의 이론을 실제 교육 현장에 적용하기 위해 노력하고 있습니다.

평생을 이끌어 줄
최고의 멘토를 만날 수 있는 책

10대에 가장 중요한 것은 무엇일까요? 학과 공부와 입시일까요? 우리나라 최초의 국제회의 통역사로 30년 동안 활동하면서 글로벌 리더들을 만날 기회가 수없이 많았던 저는 대한민국의 초등학생들에게 특별한 조언을 해 주고 싶습니다. 그것은 큰 꿈을 가지는 것이 무엇보다 중요하다는 것입니다.

꿈은 힘들고 지칠 때 나를 이끌어 주는 힘이고 내 인생의 주인이 되어 일어설 수 있게 하는 원동력이 되어 줍니다. 꿈이 있는 아이가 공부도 잘하고 결국 그 꿈을 실현할 수 있게 되는 것입니다. 저 역시 어린 시절 품었던 꿈이 지금의 자리에 있게 한 원동력이었습니다. 남들이 모르는 큰 꿈을 마음속에 간직하고 있었기에 괴롭고 힘들어도 포기하지 않고 다시 일어설 수 있었습니다.

어린 시절 저에게도 힘들고 지칠 때마다 용기를 불어넣어 주고 힘이 되어 주었던 분들이 있었습니다. 지금의 자리로 저를 이끌어 준 멘토들처럼 〈who?〉 시리즈에서 여러분의 친구이자 형제, 선생이 되어 줄 멘토를 만날 수 있기를 바랍니다.

최정화 한국 외국어 대학교 교수

우리나라 최초의 국제회의 통역사로 현재 한국 외국어 대학교 통번역 대학원 교수로 재직 중입니다. 세계 무대에서 자신의 꿈을 이룬 여성 신화의 주인공으로, 역시 세계에서 꿈을 펼치려고 하는 청소년들에게 멘토로서의 역할을 충실히 하고 있습니다. 저서로는 《외국어 내 아이도 잘할 수 있다》, 《외국어를 알면 세계가 좁다》, 《국제회의 통역사 되는 길》 등이 있습니다.

하인리히 슐리만

- 이름: 하인리히 슐리만
- 생몰년: 1822~1890년
- 국적: 독일
- 직업·활동 분야: 고고학자
- 주요 업적: 트로이 유적지 발굴

트로이 전쟁의 신화를 역사로 만든 하인리히 슐리만은 어렸을 때부터 호기심이 남달랐어요. 다른 사람들은 단지 신화일 뿐이라고 무시했지만, 슐리만은 끝내 트로이 유적을 발견했지요. 본인의 어릴 적 꿈을 이루기 위해 노력한 슐리만의 이야기를 만나 볼까요?

소피아

그리스에서 태어난 소피아는 슐리만의 아내예요. 슐리만이 트로이를
발굴하고자 하는 마음을 이해해 주며 그를 도왔어요.
트로이의 유물 중 아름다운 장식품을 직접 걸치고 사람들 앞에
나서기도 했어요.

빌헬름 되르펠트

슐리만과 함께 트로이를 발굴하고 함께 연구한 동료예요. 건축가였던
되르펠트는 효율적인 새로운 방식을 적용해 발굴 작업을 했어요.
슐리만이 세상을 떠난 뒤, 그의 뜻을 이어받아 슐리만의 꿈을 지켜
주었어요.

들어가는 말

- 하인리히 슐리만이 한 가지 일에 매달리는 열정을 통해 자기의 꿈을 이루어 나가는 모습을
지켜보아요.
- 트로이 전쟁이 역사적으로 어떤 의미가 있는지 알아보아요.
- 신화 속 도시를 역사적으로 증명한 슐리만을 보며, 고고학자가 되려면 어떤 덕목들이 필요한지
생각해 보아요.

1 호기심이 많은 아이

1822년 1월 6일, 하인리히 슐리만은 독일 북부의 작은 도시에서 태어났습니다.

앱!

앱!

비겁하게 피하지 말고 내 칼을 받아라!

저런, 남의 묘에서 함부로 뛰어다니다니.

혼을 내 줘야겠어요.

무서운 얘기를 해서
다시는 저러지 못하도록
하는 게 어떨까요?

어?

뭘 찾으시는
것 같은데?

거참, 이상하네.
요즘엔 왜 묘에서
헨닝의 다리가
자라지 않지요?

그러게 말이에요.
우리가 어렸을 땐
묘에서 검은색
비단 양말을 신은 헨닝의
한쪽 발이 쑥 튀어나와
자라나더니.

맞아요. 우린 그 발을 잘라다가 배나무에 열린 배를 따는 데 이용했죠?

진짜요?

사실이에요?

그런데 이제는 웬일인지 더 이상 자라지 않으니 참 이상한 일이지요.

묘에서 한쪽 발이 쑥 튀어나와 자라났다고?

으악! 무서워.

완전 신기한데?

겉으로 봐서는
아무 이상이 없는데?

어디 흔적이
남아 있지 않을까?

혹시
헨닝의 묘 속에서
무슨 일이라도
벌어진 걸까?

하인리히는 궁금증이 풀리지 않은 채로 돌아가는 길이었습니다.

궁금증이
안 풀려.

그렇게 궁금하면
저 성에 가 보던가.
저 성의 주인이
헨닝이라던데?

옛날에 헨닝이
죽은 아들과 보물을 함께
마당에 묻었대.

정말?

그래서 누가
그 보물을 파 갔대?

설마
진짜겠어?

진짜인지 아닌지는
파 보면 알 것
아니야?

엄마,
아빠……

교회 사정이 갈수록
어려워지니……

돈을 어디서
구하면 좋을까요?

작은 교회를 운영하던 하인리히의 부모님은
가난 때문에 한숨짓는 날이 많았습니다.

엄마 아빠는 돈 때문에 또 걱정이시구나.

그것들을 캐내기만 하면 당장 부자가 될 텐데…….

그날 밤.

여기에 보물을 숨겼다고 했지?

이것으로 땅속에 있는 보물을 캐내기만 하면…….

근데 이래도 되는 걸까? 헨닝의 유령이 나타나면 어쩌지?

거기 누구냐?

앗!

여기서 무슨 짓을 하려는 거지?

보…… 보물이 있나 보려고요.

글쎄,
하인리히가 정원을
함부로 파려고
하더군요!

목사님이 주의를
좀 주세요.

그런 일이…….

저는 보물이
정말로 있는지
너무나 궁금했어요!

그만하세요.
하인리히가 호기심이
강해서 그런 걸요.

엄마~!

너무 심했나?

하인리히, 그런 행동은 하면 안 돼. 대신 아빠가 마을의 전설보다 훨씬 더 재미있는 옛날이야기를 들려주마.

좋아요!

아버지는 매사에 호기심이 강한 어린 하인리히에게 그리스 시인 호메로스의 작품에 등장하는 여러 영웅들의 이야기와 트로이 전쟁 이야기를 종종 들려주었습니다.

트로이 전쟁은 트로이의 왕자 파리스가 스파르타의 왕비 헬레네를 데리고 트로이로 도망치면서, 그리스 연합군과 트로이군이 10년간 벌인 전쟁으로 전설처럼 전해지고 있었습니다.

하인리히는 호메로스의 《일리아드》에 나오는 트로이 전쟁이 실제로 있었던 일이라고 믿었습니다. 그래서 트로이가 전쟁에서 패하고, 불에 타서 흔적도 없이 사라져 버렸다는 이야기에 무척 가슴 아파했습니다.

그때 헥토르가 이겼어야 했는데!

죽었잖아?

하인리히, 너무 슬퍼하지 않아도 된단다.

트로이가 그렇게 사라져 버렸는데 어떻게 슬프지 않겠어요?

트로이 전쟁은 그저 호메로스가 전설을 모아 엮은 옛날이야기일 뿐이야.

네? 꾸며 낸 이야기라고요?

그렇단다. 너도 이제 신화와 역사는 구분해야지.

아, 지어낸 이야기였군요.

그러던 어느 날

메리 크리스마스, 하인리히! 요즘 가장 인기 있는 역사책이란다.

예러 박사의 어린이를 위한 세계 역사?

어! 이건?

예러 박사는 틀림없이
트로이를 보았던 거야!
트로이를 보지 않았다면
이렇게 생생하게
그릴 수가 없어!

《어린이를 위한 세계 역사》에는 예러 박사가 그린
불타오르는 트로이의 삽화가 실려 있었습니다.

아버지!
트로이는 정말로
있었어요.

이 삽화는
예러 박사가 상상으로
그린 그림일 뿐이야.

아니에요. 이건 역사책이라고요.

어휴, 트로이는 전설일 뿐이라니까!

왜 안 믿어 주시는 거야.

옛날 트로이에는 이 그림 같은 견고한 성벽이 없었나요?

그, 그건 아니지만……

이렇게 튼튼한 성벽이 완전히 없어질 리 없잖아.

그래, 트로이가 사실이라는 것을 내가 증명해 보이겠어.

하인리히는 트로이 전쟁에 관한 이야기를 통으로 외울 정도로 자주 읽으며 트로이 발굴에 대한 꿈을 키웠습니다.

하인리히 슐리만의 성공 열쇠

아버지, 만일 정말로 그런 성벽이 옛날에 있었다면
완전히 없어졌을 리 없어요. 틀림없이 수백 년 동안
흙먼지에 묻혀 있을 거예요.

신화를 역사로 만든 하인리히 슐리만

한 문학 작품에 매혹됐던 어린 하인리히의 호기심은 신화를
현실로 끌어올리는 결과를 낳았습니다.
'과학적 고고학의 아버지', '새로운 학문의 선구자'로
평가받고 있는 그의 성공 열쇠는 과연 무엇일까요?

하나　호기심과 끈기

　하인리히 슐리만이 트로이를 발굴하기 위해서는 막대한
자금과 일손이 필요했습니다. 슐리만은 자신의 재산을 털어
원주민 일꾼 100여 명과 1톤 트럭 25만 대 분량의 흙을 약
3년 동안 파냈답니다. 끈기가 없었다면 결코 해낼 수 없는
일이었지요.
처음에 슐리만에게 돌아온 건 냉소와 비판뿐이었습니다.
하지만 수십 년간 품어 온 트로이 발굴의 꿈을 절대 버리지
않았지요. 그는 고대 그리스의 문학 작품, 그중에서도 특히
호메로스의 《일리아드》와 《오디세이아》를 외울 정도로 많이
읽었는데, 그 이유도 오직 트로이 발굴을 위해서였습니다.
또, 어학 공부를 할 때의 모습에서도 슐리만의 끈기가
얼마나 대단한지 잘 알 수 있습니다. 그는 수입의 절반을
어학 공부에 쓰느라, 허름한 하숙집 다락방에서 살았습니다.
겨울에는 혹독한 추위를 견뎌야 했고, 여름에는 찜통더위와
싸워야 했지요. 심지어 영어를 공부할 때에는, 요란하게

1876년, 하인리히 슐리만이 미케네 원형 왕릉
에서 출토한 황소 두상 ⓒ Casbr

낭독하는 소리 때문에 두 번이나 하숙집에서
쫓겨났답니다. 하지만 슐리만은 포기하는 법
없이 여러 나라의 언어를 모두 익혔답니다.
이렇게 익힌 어학 실력 덕분에 슐리만은
성공의 길로 가는 기회를 잡을 수 있었어요.
러시아 말을 잘하는 것을 알게 된 사장이
슐리만을 러시아 지사로 보냈고, 그곳에서
사업가로 성장할 수 있었습니다.

ΟΔΥΣΣΕΙΑ

Ἄνδρα μοι ἔννεπε, Μοῦσα, πολύτροπον, ὃς μάλα πολλὰ
πλάγχθη, ἐπεὶ Τροίης ἱερὸν πτολίεθρον ἔπερσε·
πολλῶν δ᾽ ἀνθρώπων ἴδεν ἄστεα καὶ νόον ἔγνω,
πολλὰ δ᾽ ὅ γ᾽ ἐν πόντῳ πάθεν ἄλγεα ὃν κατὰ θυμόν,
ἀρνύμενος ἥν τε ψυχὴν καὶ νόστον ἑταίρων.
ἀλλ᾽ οὐδ᾽ ὣς ἑτάρους ἐρρύσατο, ἱέμενός περ·
αὐτῶν γὰρ σφετέρῃσιν ἀτασθαλίῃσιν ὄλοντο,
νήπιοι, οἳ κατὰ βοῦς Ὑπερίονος Ἠελίοιο
ἤσθιον· αὐτὰρ ὁ τοῖσιν ἀφείλετο νόστιμον ἦμαρ.

그리스어로 기록된 《오디세이아》

둘 긍정적인 마음

슐리만은 트로이 발굴을 위해 필요한 돈을 벌어야
했습니다. 그의 사업은 인디고 물감을 수입해
판매하는 일이었는데, 다행히 잘되었어요.
그런데 1853~1856년, 사상 최악의 전쟁이었던
크림 전쟁 때문에 러시아의 항구가 모두
봉쇄되었습니다. 그래서 당시 사업가들은 전쟁이
끝날 때까지 사업의 규모를 줄이거나, 아예
사업을 중단할 수밖에 없었지요. 하지만 슐리만은
바닷길이 아닌 육로를 통해 물품을 들여오고,
오히려 투자 규모를 더 확대했어요. 지금의 이
위기가 곧 기회일 수 있다고 생각했거든요.
결국, 슐리만은 인디고 외에도 전쟁에 필요한

크림 전쟁은 러시아와 오스만튀르크, 영국, 프랑스 등의 연합국
사이에 일어났던 전쟁입니다.

다양한 물품을 취급하여 트로이 발굴에 필요한 큰돈을 모을 수
있었습니다.
만약에 슐리만이 전쟁 때문에 더 이상 사업이 잘되지 않을
것이라고만 생각했다면 투자도 줄였을 것이며, 그렇게
했다면 큰돈을 모을 기회도 얻지 못했을 거예요. 무조건
밀고 나아가는 것이 좋다고는 할 수 없지만, 당시 슐리만의
긍정적인 마음은 위기를 기회로 바꾸는 큰 무기가 되었답니다.

셋   **근면함과 배려심**

트로이 발굴에 나섰을 때, 하인리히 슐리만은 그 누구보다
근면했어요. 그는 새벽 5시에 누구보다 빨리 일어나, 말을
타고 몇 킬로미터나 떨어진 물가로 가서 수영을 했습니다.
발굴을 하기 위한 체력을 기르기 위해서지요. 수영을
마치고 숙소로 돌아온 슐리만은 자고 있는 일꾼들을 일일이
깨워 함께 발굴 현장으로 가곤 했습니다.

그런데 현지에서 고용한 원주민 일꾼들은 게으름을
피우고, 삼삼오오 모여서 잡담을 즐겼어요. 그들은 전
재산을 들여 발굴에 전념하는 슐리만의 사정 따위는
상관이 없었거든요.

슐리만은 그런 일꾼들에게 싫은 소리를 하는 것이 아니라
행동으로 모범을 보였답니다. 그는 뜨거운 햇볕에도
아랑곳없이 괭이를 들고 여기저기 땅을 파 보았습니다.
잠시도 쉬지 않는 슐리만을 본 일꾼들은 서서히 슐리만을
다시 보기 시작했습니다.

또, 슐리만은 사람을 사랑하는 마음으로 게으름을 피우는
일꾼들에게도 혹시나 목이 마르지 않은지 묻고, 직접
마실 물을 가져다주며 격려했습니다. 더운 날씨에
병이 날지도 모르니 쉬엄쉬엄 일하라고 했지요.
슐리만의 따뜻한 배려에 일꾼들도 변했습니다.
그 결과 일꾼들도 점차 자기 일처럼 열심히 발굴하게
되었답니다. 오랜 세월 땅속에 묻혀 있던 역사를
밝혀내는 큰일을 슐리만 혼자의 힘으로 이룰 수는
없었겠지요. 따라서 일꾼들의 마음을 돌린 근면함과
배려심은 슐리만의 성공 요인이라고 할 수 있습니다.

베를린 노이에스 박물관에 있는 하인리히 슐리만의 흉상
ⓒ Cardemadage1

하인리히 슐리만이 살았던 동네 ⓒ mueritz ㅍ

넷 틀에 박히지 않은 생각

하인리히 슐리만이 사업을 접고 본격적으로 트로이 발굴에
나설 때까지도 사람들은 트로이가 그저 옛날이야기에
불과하다고 생각했습니다. 학자들도 만약에 트로이가
있다고 가정한다면, 그곳은 부나르바시라는 마을이라고
추측하고 있었을 뿐이었지요. 하지만 트로이가 존재함을
굳게 믿었던 슐리만의 신념은 조금도 흔들리지 않았어요.
사람들이 어떻게 생각하든, 학자들이 뭐라고 주장하든
슐리만에게는 중요하지 않았습니다.

《일리아드》와 《오디세이아》의 저자, 호메로스(왼쪽)

보통 세상에 널리 알려진 사실, 많은 사람들이 알고 있는
상식, 그리고 유명한 학자들의 주장은 틀림이 없다고
생각하는 경향이 있습니다. 그러나 슐리만은 달랐답니다.
보다 유연하게 사고했지요. 세상 사람들이 믿고 있는
사실과 학자들의 주장도 진실이 아닐 수 있다고
생각했던 겁니다.

그래서 슐리만은 호메로스의 《일리아드》를
손에 들고, 부나르바시에 가서 일일이
확인을 했어요. 무서운 독충들이 들끓는
황량한 변두리 땅에서 밤에만 잠시 몸을
눕히고, 새벽부터 해 질 녘까지 온몸이 땀으로
범벅이 된 채 트로이를 찾아 헤맸습니다. 그
결과, 부나르바시는 절대로 트로이가 아니라는
것을 증명해 냈습니다.

트로이 발굴이 이루어진 지역 ⓒ Jorge Lascar

슐리만은 부나르바시보다 바닷가가 훨씬 더
가깝고, 부나르바시 언덕보다 완만한 히사를리크
언덕을 찾아냈어요. 그리고 결국 트로이를
발굴해 내지요. 모두 틀에 박히지 않은 자유로운
생각 덕분이었습니다.

2

불우한
어린 시절

다 모였으면 패를 갈라
트로이 전쟁놀이를 하자.
저쪽은 그리스 연합군이고,
이쪽은 트로이군이야.

좋아!

넌 그리스의 장군
아킬레스 역할을 해.
난 트로이의 헥토르 장군을
맡을게.

알았어.

아킬레스는 헥토르를 죽이는 인물이잖아. 그런데 네가 죽이면 되겠어?

왜?

사실과 다르잖아. 다시 시작해!

뭐? 처음부터 다시 시작하자고?

쳇, 하인리히 쟤 좀 짜증나지 않나?

사실도 아닌 이야기에 너무 민감해.

나는 이쯤에서 아킬레스한테 쫓기는 거야.

어딜 가려고? 어림없다. 얍!

파

앗

앗!

이따가 댄스 시간이 끝나고 보여 줄 게 있어.

그게 뭔데?

아주 재미있는 역사 이야기야.

역사?

하인리히 형, 민나 누나!

이게 다 무슨 책이야?

《일리아드》, 《오디세이아》, 《그리스 신화》, 《성경》이네?

응, 모두 트로이 전쟁과 관련된 책이지.

트로이 전쟁이 정말 있었던 일이라는 거야?

우리 형아 말이 맞아.

호메로스가 지은 《일리아드》는 '일리온에 관한 시'라는 뜻인데, 일리온은 소아시아 서북부에 있는 트로이라는 도시를 말하거든. 이걸 봐, 《성경》에는 트로이가 드로아로 나와 있어.

어, 정말이네?

사람들은 트로이가 옛날이야기라고 생각하지만 이 책들을 보면 역사임에 틀림없어!

호메로스의 고향인 이즈밀(지금의 튀르키예)은 책에서 서머나라고 나오는데, 서머나는 그리스의 철학자 아리스토텔레스의 고향이기도 하지.

와, 대단해! 그런 걸 어떻게 다 알아냈어?

난 트로이를 찾아낼 거거든.

모두들 트로이 전쟁을 사실로 믿는 하인리히를 비웃었지만 이웃 마을의 동갑내기 소녀 민나는 달랐습니다.

트로이의 왕자 헥토르가 그리스의 아킬레스와 싸우다가 패하여 죽는 것으로 《일리아드》의 이야기가 끝나지.

이어지는 이야기는 《오디세이아》에서 시작되는구나.

헥토르가 죽은 후에도 트로이는 쉽게 함락되지 않다가 오디세우스의 계략으로 만들어 낸 그리스군의 '트로이 목마'에 의해 멸망하고 말았대.

목마로 싸운 거야?

그리스군이 우리 트로이에게 목마를 바치고 갔구나. 으하하!

그리스인들은 목마 안에 숨어 트로이성 안으로 몰래 들어갔어.

밤이 되자 오디세우스는 목마에서 빠져나와 성문을 열어 주었고, 곧이어 그리스군이 쳐들어와 트로이성은 함락된 거야.

트로이가 그렇게 사라지고 말았다니…….

근데 오디세우스 되게 똑똑하다.

민나, 우리 약속하자. 어른이 되면 결혼도 하고 함께 트로이를 발굴하는 거야!

좋아, 하인리히. 꼭 그렇게 하자.

앗싸, 민나는 역시 다를 줄 알았어!

하인리히는 이때부터 아버지께 라틴어를 배우기 시작합니다. 라틴어는 그리스 문자를 토대로 만들어졌고, 그리스 문학은 3천여 년이 넘는 세월 동안 지속되어 왔습니다.

나도 끼워 줘, 형아!

아버지, 저는 나중에 그리스어도 익힐 거예요.

왜?

슐리만이 생각보다 외국어를 빨리 익히는구나.

트로이 발굴을 위해서 그리스어가 필요하거든요!

있지도 않은 트로이를 발굴한다고?

라틴어는 로마 제국의 주요 언어였지만, 당시 로마인들이 학습한 문학의 대부분이 그리스어로 되어 있었습니다.

어휴! 스트레스 받아. 하인리히가 트로이에 너무 집착하는구나.

쓸데없는 상상은 그만하고 공부에만 집중하도록 해.

네.

쟤가 왜 저러지?

표정이 어둡구나. 무슨 일이 있니?

엄마, 저는 어른이 되면 꼭 트로이를 발굴하러 갈 거예요.

그래, 너는 호기심이 강하고 의지가 굳센 아이니까 무슨 일이든 잘할 거야.

정말 그렇게 생각하세요?

그럼!

엄마!

그런데 1831년, 하인리히가 아홉 살이 된 지 얼마 안 되어 갑자기 어머니가 돌아가셨습니다.

민나의 위로에도 어머니를 잃은 하인리히의
슬픔은 매우 컸습니다.

게다가 아버지의 교회 사정도 점점 더
어려워지면서 집안은 더욱 가난해졌습니다.

집안 사정 때문에
하고 싶은 공부도
못 하고, 무얼 해도
즐겁지가 않네.

하인리히, 당분간 다른 마을에 있는
작은아버지에게 가서 지내도록 해라.
집안 사정이 좋아지면 꼭 다시
데리러 가마.

하인리히는 민나와의 약속은 뒤로한 채,
마을을 떠날 수밖에 없었습니다.

이제는 민나를
영영 만날 수 없게
될지도 몰라.

작은아버지,
안녕하세요.

어서 오너라.

라틴어를 열심히 공부한 하인리히는 트로이 전쟁의 주요 사건과 오디세우스나 아가멤논의 모험 등을 라틴어로 적어서 아버지에게 보냈습니다.

그러나 가정 형편은 더욱 어려워져 하인리히는
열네 살에 학교를 그만둬야만 했습니다.

하인리히,
돈을 벌며 학교를
계속 다니면 되잖아.

우리 집 형편에
고등학교와 대학에
다니는 건 사치야.
내 밑으로 동생들도
있고……

휴.

당장 무슨 일이든 해서
돈을 벌어야만 해.

열네 살짜리
아이에게 일을
시켜 줄까?

친척 아저씨를
찾아가 일자리를
부탁해 보려고 해.

쯧, 아직 어린데 학교를 그만두다니 안 됐구나.

소개만 시켜 주시면 어떤 일이든 하겠어요.

앗, 민나잖아?

민나!

아⋯⋯.

멈칫

지금은 안 돼.

후
다
닥

이런 모습으로 민나를
만날 순 없어.

민나, 멋진
모습으로 돌아올게.
그때 만나자.

하인리히는 흩어진 가족을 찾고, 민나도 다시 만나고,
트로이 발굴을 하기 위해서는 반드시 성공해야 한다고
다짐했습니다.

반드시 성공하고
말 테야!

트로이 전쟁

기원전 1400년경의 히타이트 제국(파랑), 고대 이집트(노랑),
그리스 미케네 문명(분홍), 아시리아 제국(연두)

하나 트로이 전쟁은 왜 일어났을까?

트로이 전쟁은 고대 그리스 영웅 이야기에 나오는 그리스군과 트로이군 사이의 전쟁으로, 하인리히 슐리만에 의해서 실제 일어났던 일이었음이 밝혀졌습니다.

트로이를 줄곧 지원해 줬던 힘이 강한 국가인 히타이트 제국은 쇠퇴의 기미를 보이며 점점 영향력이 줄고 있었는데, 이를 틈 타서 그리스인들이 각 지역의 반란을 부추겼지요. 트로이는 그리스의 통제권 밖의 왕국이었고, 트로이의 왕자 파리스는 그리스와 평화 조약을 맺기 위해 스파르타로 갔습니다. 그러나 파리스는 스파르타의 왕비 헬레나와 사랑에 빠져 트로이로 돌아오는 길에 몰래 그녀를 데리고 나옵니다.

아내가 도망을 가자 메넬라오스는 씩씩거리며 형인 아가멤논(미케네 왕)을 찾아갔고, 동생의 하소연을 들은 아가멤논은 이를 빌미로 트로이 전쟁을 일으키고 주변 국가까지 모두 독차지하려고 했습니다.

다른 국가들은 모두 무너졌지만, 트로이는 쉽게 쓰러지지 않았어요. 하지만 전쟁이 일어난 지 10년째 되던 해에 지진이 일어나서 성은 혼란에 빠졌고, 그 틈을 타서 그리스인들이 성을 점령해 버렸지요. 결국 트로이는 불탔고 집과 건물은 무너졌지요.

트로이의 멸망으로 고대 세계는 종말을 맞았습니다. 전성기를 누리던 미케네 문명도 아시아에서 온 이민족의 침공 때문에 멸망했지요. 그 후 500여 년 동안 에게해는 암흑시대가 이어지다, 찬란한 그리스 문화가 싹트게 되었답니다.

　신화 속 트로이의 영웅

헥토르

트로이의 마지막 왕 프리아모스가 낳은 50명의 왕자
중 장남으로, 트로이 전쟁에서는 프리아모스를 대신해
트로이군을 지휘했습니다. 아킬레스와 함께 트로이 전쟁의
중심인물이지요.

헥토르는 누구보다 힘이 셌기 때문에 그를 상대할 수 있는
사람은 오직 아킬레스뿐이었답니다.

어느 날, 헥토르가 아킬레스의 가장 친한 친구인
파트로클로스를 죽이게 되고, 아킬레스는 복수심에
불타 헥토르에게 무섭게 달려옵니다. 이에 공포를
느낀 헥토르가 도망을 치고, 아킬레스가 그 뒤를 쫓기
시작했죠. 호메로스의 《일리아드》에 의하면 이 둘이
쫓고 쫓기는 거리가 트로이를 3바퀴나 도는 거리라고
합니다. 헥토르가 아킬레스와 싸우다 패하여 죽는 것으로
《일리아드》의 이야기는 끝이 나지요. 그리고 다음의 이야기는
《오디세이아》에서 이어진답니다.

헥토르와 아내의 이별 장면을 담은 그림 ⓒ Kyllaris

who? 지식사전

트로이 목마

트로이 전쟁은 그리스군의 승리로 끝이 났어요. 그러나 10년이라는 긴 시간 동안 이 전쟁은
양국의 군대를 지치게 만들었고, 그리스인은 트로이의 성안에 들어갈 꾀를 생각해 냈죠.
우선 자신의 군사들을 안에 숨긴 커다란 목마를 트로이의 성 앞에 두고, 철수하는 척 위장을
했어요. 트로이 병사들은 그 목마가 아테네 여신에게 바치는 선물이라고 여기고 성안으로
들이지요. 승리의 기쁨에 취해 방심한 그날 밤, 목마 안에 숨어 있던 그리스 병사들이 나와
성문을 열고, 무방비 상태의 트로이인들을 마구 공격합니다. 트로이는 이 일로 큰 피해를
입게 되었지요. 이런 이유로 '트로이 목마'는 밖에서 들어온 요인에 의해서 내부가 무너진다는
의미로 사용되고 있답니다. 현재 컴퓨터 바이러스를 뜻하는 말로도 많이 사용되고 있어요.

이스탄불 박물관의 트로이 목마
ⓒ Istambul Museum

아이네이아스

인간 안키세스와 사랑과 미의 여신 아프로디테 사이에서
태어난 아들로 헥토르 다음가는 영웅입니다. 트로이가 함락된
뒤에 그는 그리스 본토에 어머니의 신전을 세우기 위해 여행을
떠났고, 우연히 카르타고에 도착하여 여왕 디도의
사랑을 받게 됩니다. 여왕 디도는 아이네이아스가
카르타고를 떠나지 못하게 하려고 장작더미 위에서
불을 질렀지만, 그는 돌아오지 않았고 디도 자신은 타
죽고 맙니다.

아이네이아스는 이탈리아에 도착하여 로마 건국의
시조가 되어 국민적 영웅이 되었습니다.

아킬레스(왼쪽)와 네레이데스 ⓒ Marie-Lan Nguyen

아킬레스

프티아의 왕 펠레우스와 바다의 여신 테티스의
아들인 아킬레스는 트로이 전쟁에 참가한 그리스
전사 가운데 최고의 용사로 손꼽힌, 《일리아드》의
중심인물이에요.

말보다 빨리 달리고 검을 날카롭게 휘두르며 창을
잘 다루어, 그가 전장에 나타나기만 해도 적은
공포에 떨었답니다. 어머니 테티스가 갓 태어난
그를 불사신으로 만들려고 저승의 강인 스틱스에
담갔는데, 이때 어머니가 잡고 있던 발목만은
물이 묻지 않아 불사의 힘을 얻지 못하고 치명적인
약점이 되었어요. 친구가 트로이의 왕자 헥토르에게
살해된 것을 알고 끈질기게 추격하여 죽이지만,
트로이의 또 다른 영웅 파리스가 쏜 화살이 그의
유일한 약점인 발뒤꿈치를 꿰뚫어 숨을 거두었어요.
이후 발뒤꿈치 뼈 위에 붙어 있는 힘줄을
'아킬레스건'이라 부르게 되었답니다.

1876년, 하인리히 슐리만에 의해 발견된 아가멤논 황금 가면
ⓒ Câsbr

아가멤논

그리스 신화의 영웅으로 스파르타의 왕
메넬라오스의 형이자, 미케네의 왕입니다.
아내 클리타임네스트라와 아가멤논 사이에
이피게네이아, 엘렉트라 등의 세 딸과 아들
오레스테스를 두었지요.
아가멤논은 그리스군의 총사령관으로 트로이
전쟁에 나간 뒤 트로이의 왕녀 카산드라의 예언을
무시하고 귀국하였다가 아내 클리타임네스트라와
아이기스토스의 공모로 암살되었어요.

이오니아의 중심 델로스 ⓒ Charles Haynes

오디세우스

이오니아해의 작은 섬 이타케의 왕자 오디세우스는 성인이
되어 왕이 되었을 때 결혼을 하였지만 얼마 되지 않아 전쟁에
나가게 되었어요. 전쟁에서는 뛰어난 무장으로 활약하였고,
또 그 유명한 '트로이 목마'를 생각하였습니다.

who? 지식사전

호메로스의 작품, 《일리아드》와 《오디세이아》

24개의 노래로 구성된 《일리아드》는 트로이 전쟁이 끝나 가던 시기의 몇십 일을 묘사한
서사시랍니다. 그리스 제일의 영웅 아킬레스가 자신의 여자 노예를 그리스군 총사령관
아가멤논에게 빼앗긴 데 분노하여 전쟁터를 떠나지만, 이윽고 다시 돌아와 트로이 최고의 영웅
헥토르를 죽일 때까지의 내용을 담고 있어요.
이어지는 이야기인 《오디세이아》는 트로이 전쟁 뒤 오디세우스가 10년에 걸쳐 고국 이타케로
귀국할 때까지의 모험과 이타케에 귀국한 뒤에 아내 페넬로페에게 구혼하는 남자들에 대한
보복을 그렸지요.
트로이 전쟁에 얽힌 흥미로운 이야기는 고대인들의 상상력을 자극하여 이후 수많은
영웅 서사시가 만들어졌답니다. 하지만 그중에서 뛰어난 문학성을 인정받은 호메로스의
《일리아드》와 《오디세이아》만이 지금까지 전해지고 있으며, 이 전쟁과 관련된 이야기를 소재로
하여 수많은 예술 작품이 탄생하였지요.

호메로스의 《일리아드》

꿈을 위한 발걸음

1836년, 가정 형편이 어려웠던 열네 살의 하인리히는 잡화점에서 일을 하였습니다.

손님들이 보기 편하게 가지런히 정리해 두어야지.

빨리 성공해야
민나를 만날 수 있는데,
지금쯤 민나는 어떻게
지내고 있을까?

내가 성공할 때까지
기다려 주겠지?

하지만 책을 읽을
시간조차 없으니…….

라라라~♬
라라!

저 주정뱅이가
또 시작이네!

아, 피곤하다.
이제 빨리 정리하고
퇴근해야지.

비틀

비틀

영업 끝났습니다.

술 내놔!

저기······,
돈을 내셔야 해요.

다음에 내면
되잖아!

날 무시하지마!
호메로스의 시구도
읊는 지식인이라고!

호메로스!
호메로스라고?

그날 밤, 하인리히는 뜻도 모르는 그리스어의
선율적인 리듬에 큰 감동을 받았습니다.

트로이 발굴을 하려면 돈도 돈이지만, 그리스어를 알아야 해.

어떻게 해서라도 꼭 그리스어를 배우고 말 테야.

이번 월급을 타면 책을 사서 당장 그리스어를 시작해야지. 힘들겠지만 잠자는 시간을 줄이면 돼.

하인리히는 고고학자가 된 자신의 모습을 상상하며 잠이 들곤 했습니다.

어어?

아악!

쯧, 조심하지 못하고.

어서 오세요. 윽!

괜찮아요?

아, 아니에요.

으윽, 가슴이
계속…….

통증이 점점
심해지고 있어.

뭐, 뭐야!

당장 나가!
그런 몸으로 어떻게
일을 하겠어!

어디로 가서 어떻게 돈을 벌지?

내가 저런 힘든 일을 할 수 있을까?

아니야, 지금 내가 일을 가려서 할 처지가 아니지.

흔들 흔들

이봐, 죽으려고 작정했어? 당장 일을 그만둬!

안 돼요. 저는 돈을 벌어야 해요. 일을 계속하게 해 주세요!

안 됐지만 다른 일을 찾아봐.

그래, 하인리히. 좀 편한 일자리를 찾아봐.

이러다간 길에서 굶어 죽고 말 거야.

일자리를 구하지 못한 하인리히는 정처 없이 걸었습니다.

트로이 발굴에 대한 꿈을 이루지도 못하고 죽을 순 없어.

혹시 안커스하겐 마을에 살던 하인리히?

네?

이렇게 우연히 만나는 수도 있구나. 난 니희 어머니의 어릴 적 친구인 벤트라고 한단다.

아저씨가 몹시 추워하시네.

이걸 껴입으세요.

괜찮아, 자네도 추울 텐데.

저는 아직 젊잖아요. 몸에서 열이 마구 나는 걸요.

허허, 고맙네.

하인리히, 이리 와서 나 좀 도와줘!

네, 갑니다!

어, 누가 벌써 감자 껍질을 다 벗겨 놨지?

시간 날 때마다
조금씩 벗겨
놓았어요.

뭐야,
알아서 다 해 놓으면
시킬 게 없잖아.

헤헤, 전 일을
할 수 있다는 것만으로
행복한 걸요.

어느 날 밤

콰
르
릉

텍셀섬의 독일 영사관

이곳은 네덜란드의 텍셀섬입니다.

네덜란드라고요?

우린 함부르크에서 출항해 베네수엘라의 라과이라로 가던 중이었어요.

여러분을 다시 함부르크로 돌아갈 수 있게 해 드리겠습니다.

하인리히는 독일에서 자신을 기다릴 벤트 씨에게 편지를 보냈습니다.

편지
왔습니다.

하인리히가
왜 네덜란드에서
편지를 보냈지?

무슨 편진데 그러나?

어릴 적
친구의 아들이
보낸 건데…….

그럼 어서 읽어 보게.
기왕이면 큰 소리로
낭독해 봐.

그래, 그게 좋겠네.
아하하하!

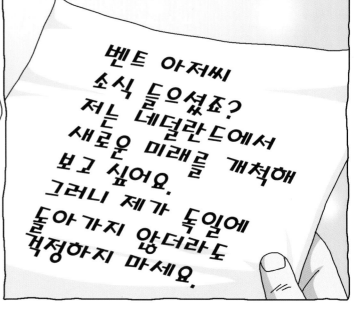

벤트 아저씨
소식 들으셨죠?
저는 네덜란드에서
새로운 미래를 개척해
보고 싶어요.
그러니 제가 독일에
돌아가지 않더라도
걱정하지 마세요.

배가 난파당해 죽을 고비를 넘겼거든요. 독일에서는 가슴 통증과 함께 피를 토하는 병든 몸으로 일터에서 쫓겨났어요. 여기서 새로 시작해 볼게요!

그 아이가 희망을 갖고 살아갈 수 있도록 돈을 걷어 보냅시다.

어린 나이에 어쩜…….

그럼에도 불구하고 이렇게 씩씩하다니!

한 푼도 없던 하인리히는 벤트 씨와 친구들의 도움으로 네덜란드 암스테르담에서 일자리를 얻고 정착하게 됩니다.

슈뢰더 상사

간단한 일이니 어렵진 않을 거야.

이걸 우체국에 가서 부치고 오게.

일부러 시간 내서 영어를 왜 공부합니까?

다녀왔습니다.

영어를 잘하면 연봉을 더 받을 수 있대.

영어를 잘하면 연봉을 더 받을 수 있다고?

쫑긋

저어…….

무슨 일이지?

제 일을 하고 비는 시간에 틈틈이 공부를 해도 되나요? 일에는 지장을 주지 않을게요.

되고말고. 공부한다고 아무도 뭐라고 하지 않아.

당장 영어 공부부터 시작하는 거야!

오늘도 점심시간에 공부할 건가 봐.

비로소 공부를 할 만한 시간적 여유가 생긴 하인리히는 영어 공부에 몰입하기 시작했습니다.

밤중에는 제발 소리 내지 말라고 했잖아. 이런 일이 벌써 몇 번째야?

전 단지 영어 공부를……

밤에는 영어 공부를 그만두든지, 아니면 이사를 가도록 해!

이사를 갈게요.

뭐, 뭐라고!

영어 공부만은 절대 포기할 수 없거든요.

멍~

하숙집에서 두 번이나 쫓겨나야만 했던 하인리히의 시끄러운 공부 방법은 불과 6개월 만에 영어를 완전히 익히는 결과로 돌아왔습니다.

하인리히는 영어와 같이 소리 내어 읽는 방법으로 프랑스, 네덜란드, 에스파냐, 포르투갈, 이탈리아, 러시아, 스웨덴, 폴란드의 언어를 공부하게 됩니다.

프랑스어도 6개월 만에 끝!

이런, 방 안에 놓아둔 물이 꽁꽁 얼어서 먹을 수가 없다니.

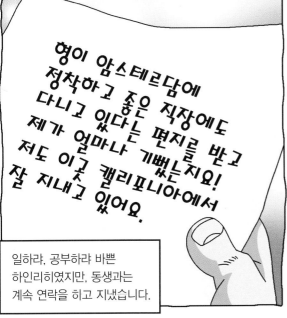

형이 암스테르담에 정착하고 좋은 직장에도 다니고 있다는 편지를 받고 제가 얼마나 기뻤는지요! 저도 이곳 캘리포니아에서 잘 지내고 있어요.

일하랴, 공부하랴 바쁜 하인리히였지만, 동생과는 계속 연락을 하고 지냈습니다.

그리운 동생아, 언제쯤 얼굴을 볼 수 있을지…….

전부 케케묵은 문법서와 사전, 서툴게 번역된 책뿐이야. 이걸로는 혼자 러시아어 공부를 하기 힘들겠어.

주위에 러시아어를 하는 사람이 있으면 빨리 익힐 수 있을 텐데…….

목사님의 설교를 들으며 영어 공부를 했을 때처럼 말이야.

하인리히는 러시아어의 학습을 위해 유대인을 고용했습니다.

그래! 아무라도 내가 하는 말을 듣고 있으면 훨씬 빨리 늘지 않을까?

저는 러시아어를 한마디도 할 줄 모르는 걸요?

어차피 더워서 잠도 못 잘 테니까, 오늘은 밤을 새워 이탈리아어를 공부해야지.

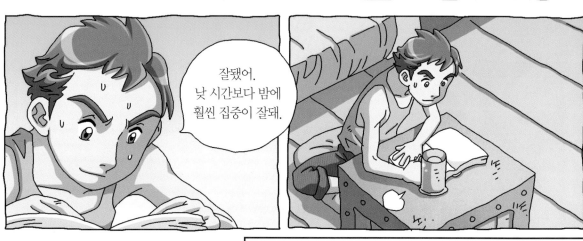

잘됐어. 낮 시간보다 밤에 훨씬 집중이 잘돼.

자신의 꿈을 위해 수입의 절반을 공부하는 데 쓴 하인리히는 허름한 하숙집 다락방에서의 혹독한 추위와 찜통더위를 견뎌 냈습니다.

그리스어의 그 아름다운 선율은 잊을 수가 없어.

지금 그리스어를 배우면 트로이로 달려가고 싶은 마음을 참지 못할 거야.

하인리히, 유적을 발굴하려면 돈이 많이 든단다.

트로이 발굴을 위한 돈을 모으면 되잖아요.

그래, 모든 준비가 다 되었을 때, 그때 그리스어를 배워야 해.

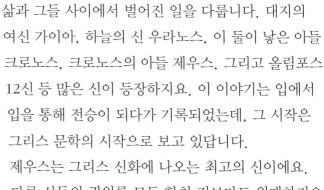

그리스 신화와 서양 예술

하나   그리스 신화

서양 문화의 뿌리인 그리스 신화는 다채로운 인간의 심리를 여러 신들과 인물들의 이야기로 흥미롭게 풀어냅니다. 그래서 신화 속 신들의 모습은 인간과 비슷해요.

그리스 신화는 세상의 기원과 신, 그리고 영웅의 다양한 삶과 그들 사이에서 벌어진 일을 다룹니다. 대지의 여신 가이아, 하늘의 신 우라노스, 이 둘이 낳은 아들 크로노스, 크로노스의 아들 제우스, 그리고 올림포스 12신 등 많은 신이 등장하지요. 이 이야기는 입에서 입을 통해 전승이 되다가 기록되었는데, 그 시작은 그리스 문학의 시작으로 보고 있답니다.

제우스는 그리스 신화에 나오는 최고의 신이에요. 다른 신들의 권위를 모두 합친 것보다도 위대하지요. 제우스 이전의 신들은 다음과 같습니다.

올림포스 12신을 묘사한 18세기 후반 몽시오의 작품

- **가이아:** 아무것도 없는 세상, 카오스에서 탄생한 최초의 여신입니다. 만물의 어머니라는 의미를 가졌어요.

- **에로스:** 가이아와 함께 카오스에서 탄생한 최초의 신입니다. 에로스는 언제나 활을 가지고 다니는데, 그 화살에는 사랑과 증오의 마음을 생기게 하는 힘이 깃들어 있다고 해요.

- **우라노스:** 하늘의 신 우라노스는 가이아의 몸에서 태어난 자식이자 가이아의 남편이었어요.

- **크로노스:** 우라노스를 몰아내고 그의 자리를 차지한 신으로 제우스를 비롯한 올림포스 주신들의 아버지입니다.

제우스 이후의 신 중 가장 유명한 것은 올림포스
12신입니다. 그리스 신화에서 올림포스 산에 살고
있다고 믿은 신이지요. 이들은 최고신 제우스와
정식 아내인 헤라, 바다의 신 포세이돈, 지혜와
싸움의 여신 아테나, 음악 · 예언의 신 아폴론,
그 쌍둥이 여동생인 사냥의 여신 아르테미스,
사랑과 미의 여신 아프로디테, 불과 대장장이의 신
헤파이스토스, 싸움의 신 아레스, 목축 · 음악의
신 헤르메스, 곡물의 여신 데메테르, 불의 여신
헤스티아를 가리킵니다.

찰흙을 빚어 인간을 창조하고 있는 프로메테우스(오른쪽)와
이것을 보고 있는 아테나

| 둘 | 그리스 신화가 미친 영향 |

둘　그리스 신화가 미친 영향

신화 속 주인공들은 그저 전설에만 그치는 것이 아니라 많은
소설과 그림, 조각, 건축물에 등장해요.

- **고대 그리스의 희곡**: 에우리피데스의 《트로이의
  여인》, 소포클레스의 《오이디푸스 왕》,
  《안티고네》 등

- **산문시, 소설**: 호메로스의 《일리아드》,
  《오디세이아》, 셰익스피어의 《한여름 밤의 꿈》

- **그림**: 귀스타브 모로의 〈독수리에게 간을 파
  먹히는 프로메테우스〉, 프랑수아 제라르의
  〈에로스와 프시케〉

아르테미스 신전(이스탄불에 있는 아르테미스 신전 모형)

- **조각**: 말로의 아프로디테 여신상 〈비너스〉, 그리스
  시대의 대리석상 〈하늘을 들고 있는 아틀라스〉

- **건축물** : 포세이돈 신전, 헤라 신전, 제우스 신전,
  아르테미스 신전 등

셋   우리의 일상 속에 있는 그리스 신화

나르시시즘

강의 신, 케피소스와 물의 님프, 리리오페 사이에서 태어난 아들인 나르키소스는 아름다운 용모 덕분에 많은 처녀들로부터 구애를 받았어요. 하지만 그는 매번 거절하였습니다. 거절당한 이 중 하나가 나르키소스도 사랑의 고통을 겪게 해 달라고 빌자 복수의 여신인 네메시스가 이를 들어주었습니다.

어느 날, 사냥을 하던 나르키소스는 목이 말라 샘에 다가갔다가 물에 비친 자신의 아름다운 모습을 사랑하게 되었습니다. 결국 그 자리에서 한 발짝도 떠나지 못하고 그만 물에 빠져 죽게 됩니다. 그가 죽은 자리에는 한 송이 꽃이 피어났는데, 그 꽃의 이름을 나르키소스(수선화)라고 지었답니다. 1899년 독일의 정신과 의사 네케는 나르키소스와 연관 지어 자기 자신에게 큰 애착을 가짐을 뜻하는 용어 나르시시즘을 만들었어요.

나르키소스는 자기에 대한 큰 애착을 뜻하는 나르시시즘의 어원입니다.

시리얼

아침 식사 대용으로 시리얼을 많이 먹지요? 그리스 신화에서 곡물과 농업의 여신인 데메테르의 로마식, 영어식 이름이 케레스(Ceres)였대요. 그 이름이 점차 변해 시리얼(Cereal)이 되었답니다.

타이타닉

그리스 신화에는 티탄족이라는 거인족이 나옵니다. '티탄'의 영어식 발음이 '타이탄'인데, 거대한 배라는 뜻의 타이타닉 호가 바로 이 타이탄이라는 이름에서 따온 것이랍니다.

타이타닉 호의 모습

프롤로그와 에필로그

책을 읽다 보면 프롤로그 혹은 에필로그라고 쓰여 있는 것을
볼 수 있을 거예요. 이 용어는 그리스 신화 속 프로메테우스와
에피메테우스에서 비롯되었답니다.

형의 이름인 프로메테우스에는 '먼저 생각하는 자'라는
뜻이 담겨 있고, 동생의 이름인 에피메테우스에는 '나중에
생각하는 자'라는 뜻이 담겨 있거든요. 그래서 책이든
공연물이든, 앞부분을 프롤로그라고 하고, 뒷부분을
에필로그라고 해요.

이카로스의 날개

이카로스는 크레타섬의 미궁을 설계한 다이달로스의
아들이에요. 커다란 날개를 달고 태양을 향해 맘껏
날아다녔죠. 크레타섬은 들어가기만 하면 모두 길을
잃고, 괴물에게 잡아먹히고 마는 섬이랍니다. 그러나
이카로스는 그곳에 들어가서도 탈출을 하게 되죠.
다이달로스가 개발한 날개가 있기 때문이었어요.

핸드리크 골치우스의 작품 〈이카로스〉

다이달로스는 이카로스에게 그 날개를
달고 너무 높이 날지 말라고 경고를
했지만, 이카로스는 찬란한 태양에 마음을
뺏겨 더 높이높이 올라만 갔습니다.
그러나 태양과 점점 더 가까워지자,
날개를 붙인 밀랍이 태양 빛에 녹아내렸고,
결국 날개를 잃은 이카로스는 땅에
떨어져 죽음을 맞이하게 됩니다. 그래서
이카로스의 날개는 알 수 없는 세계에 대한
인간의 동경을 상징하는 말이 되었습니다.
또한 이 이야기는 과도한 욕심은 결국
자신에게 해가 될 수 있다, 모든 것은 적당히
하는 것이 좋다는 교훈을 주고 있습니다.

피터르 브뤼헐의 작품 〈이카로스의 추락〉

4 사업가로 일어서다

프리베뜨.
(안녕하세요.)

누, 누구지?

우, 우린 러시아어를
전혀 모르는데?

%$@@$*#&@

뭐라는 거지?

브하지쩨.
(들어오세요.)

슐리만은 러시아어 실력을 인정받아 1846년 1월, 러시아 모스크바에 파견되었습니다.

어서 돈을 많이 벌어야지. 그래서 어릴 적의 꿈을 꼭 이룰 거야.

어른이 되면 꼭 트로이 발굴을 하러 갈 거예요!

슐리만은 생활이 안정되자 설렘을 안고, 민나에게 편지를 썼습니다.

얼마나 기뻐할까?

경제적으로 어느 정도 자리를 잡았으니 민나에게 청혼을 해야지.

그러나······.

민나는 며칠 전에 결혼을 했다네.

아아, 이제 나 혼자 어떻게 그 꿈을 이룬단 말인가! 민나가 아니면 누가 내 꿈을 이해해 줄까.

민나의 결혼으로 크게 상심해 있던 슐리만은 1850년 봄, 미국 캘리포니아로 그리운 동생을 찾아가 보지만 동생마저 이미 이 세상 사람이 아니었습니다.

열심히 노력해서 성공하면 그리운 가족과 다시 만나서 행복하게 살 수 있을 거라 믿었는데, 이렇게 먼저 가 버리다니!

이제 아무런 의미도 없어.

큰일 났습니다!
전쟁이, 전쟁이 일어나서
러시아의 항구가 모두
봉쇄되었습니다!

1853년, 크리미아반도에서 러시아와 영국, 프랑스, 독일,
오스트리아, 튀르키예 등이 싸운 크림 전쟁이 터진 것입니다.

암스테르담 지점에서
이곳으로 인디고 물감
수백 상자를 보내기로
했는데 어쩌죠?

위기를 기회로
만들어 봅시다!

슐리만은 러시아의 항구가 모두 봉쇄되자, 독일을 통해
물품을 들여오며 오히려 투자 규모를 더 늘렸습니다.

전쟁 중에 투자를
계속 늘리는 건
위험하지 않을까요?

지금까지 힘들게
모은 내 모든 재산을
투자한 건데…….

혹시 슐리만
사장님?

메이어!
무사했구나.
다행이야.

저 근데…….
우리 인디고는.

아…!

틸

떡

메멜이 잿더미로 변해서 거기에 물건을 쌓아 두었다가 망한 사업가가 한둘이 아니라잖아.

하지만 거기서도 운 좋게 살아남은 사업가가 있어.

슐리만이라는 사업가야. 그 사람 물건만 멀쩡해!

네? 이봐요, 그게 무슨 소리요? 자세히 말해 주시오. 내가 바로 그 슐리만이오.

그게 정말입니까? 저는 그 대리점의 지배인입니다.

사장님의 화물을 실은 배가 메멜에 도착했을 때, 하필 우리 대리점 창고가 가득 차 있어서……

하는 수 없이 사장님의 화물을 대리점 창고 옆에 있는 목조 창고에 보관해 놓았지요.

놀랍게도 이번 폭격에 그 목조 창고만 타지 않은 거예요. 사장님 물건은 창고에 그대로 있을 테니 확인해 보세요.

정말입니까?

와, 세상에 이런 일이! 축하합니다!

잃어버린 줄 알았던 재산을 되찾게 되다니, 엄청난 행운이에요!

아아, 도저히 믿기지 않아요.

1854년 10월 4일 아침, 자신의 물건이 무사한 것을 확인한 슐리만은 인디고와 염료용 목재 외에도 전쟁에 필요한 물품에 다시 투자해서 사업가로 크게 성공합니다.

위기를 기회로 바꾼 위인들

하나 **프랭클린 D. 루스벨트**

프랭클린 D. 루스벨트(1882~1945년)는 미국 역사상 최악의 불황이었던 1933년, 제32대 대통령으로 취임해 경제 공황을 극복하며 4번 연속 대통령이 되었습니다.

그때까지 잘못되어 있던 경제 제도를 개혁하기 위해 루스벨트는 뉴딜 정책을 시행했어요. 뉴딜 정책은 영국의 경제학자 케인스의 이론을 바탕으로 한 것입니다. 정부가 빚을 내고, 그 돈으로 공공복지 사업을 벌여 사람들에게 일자리를 제공하는 식이죠. 그러면 사람들에게는 수입이 생기고, 수입이 생긴 사람들이 소비를 하며 결국 경제가 활성화된다는 이론입니다.

뉴딜 정책이 성공하느냐, 실패하느냐는 국민들이 얼마나 이 정책을 이해하고 지지하느냐에 달려 있었어요. 루스벨트는 국민들을 설득하기 위해 라디오를 통한 대국민 연설을 했답니다. 연설은 마치 친구들 사이의 친밀한 대화처럼 이루어졌지요. 그의 진심 어린 호소는 그대로 국민들에게 전달되었고, 미국인들은 그렇게 경제 공황을 극복하고, 제2차 세계 대전에서도 승리를 거두었습니다.

루스벨트가 남긴 말

• 발전의 기준은 부유한 사람들을 더욱 부유하게 하는 것이 아니라 가난한 사람들을 풍요롭게 하는 데 있다.
• 나는 특권 계급의 증오를 환영한다.
• 내 친구여, 경제적 위기를 극복하는 것은 나의 문제인 동시에 여러분의 문제이다.

미국의 제32대 대통령 프랭클린 D. 루스벨트

제2차 세계 대전 선전 포고 명령에 서명하는 루스벨트

둘 이순신

조선 중기의 무관 충무공 이순신(1545~1598년)은
스스로에게 엄격하고 청렴했답니다. 1592년 일본의
침입으로 발발한 임진왜란에서 수군을 이끌고 해전에
참가하였고, 참가한 모든 해전을 승리로 이끌며 7년간의
전쟁을 마치는 데 크게 기여하였습니다.

전쟁 기간 동안 왜선 700여 척을 사로잡거나, 격침시키는
등 세계 해전에서 길이 남을 성과를 거두었습니다. 이때
이순신이 만든 거북선은 세계 최초의 철갑선으로 서양보다
250년이나 앞선 것이었지요.

이순신은 '대장부로 세상에 나와 나라에서 써 주면
죽음으로써 충성을 다할 것'이라 다짐했다고 합니다.
임진왜란이 발발하기 전, 조선의 조정에서는 국방에 관한
논의가 있었습니다. 이때, 왜적은 바다에서의 충돌에는
강하지만 육지에서는 비교적 약할 것이니 수군을
폐지하자는 의견이 나왔답니다. 이에 이순신은 수군
활동의 중요성과 필요성에 대해 강력하게 주장했죠.
이순신은 명량 대첩을 앞두고 전라도로 진출하는 왜적을
막아 내야 하는 급박한 상황에서 부하들의 전투 의지를
높이기 위해 다음과 같이 말했어요.
"죽기를 각오하고 싸우면 적을 물리쳐 살아남을 수 있으나
적을 두려워하여 살고자 도망치면 적에게 패배를 당함은
물론 목숨도 잃게 된다." 이 말에 용기를 얻은 조선의
수군은 투혼을 발휘하여 전라도를 방어할 수 있었습니다.
임진왜란 마지막 전투인 노량 해전에서 적의 총탄에 맞아
죽음을 맞는 순간에도 이순신의 나라를 사랑하는 마음을
느낄 수가 있지요. "싸움이 한창 급하다. 나의 죽음을 알리지
마라."

광화문 광장의 이순신 동상 ⓒ CC-BY-SA-2.5

서울특별시 전쟁기념관에 있는 거북선의 모형
ⓒ GPL / CeCILL

윈스턴 처칠

윈스턴 처칠(1874~1965년)은 영국의 총리를 두 번 지낸 정치가입니다. 그는 《랜돌프 처칠 경》, 《말버러: 그 생애와 시대》, 《영어 사용 국민의 역사》 등의 저서를 남겼으며, 1953년 《제2차 세계 대전》으로 노벨 문학상을 수상하기도 했어요. 그는 화가로도 널리 알려져 있답니다.

영국의 총리를 지낸 윈스턴 처칠

제1차 세계 대전: 제1차 세계 대전 당시 처칠은 해군 장관을 맡고 있었습니다. 그는 전쟁이 일어나기 전부터 국방력을 향상시키고자 열정적으로 일을 해 왔지만, 같은 시기 독일이 잠수함을 개발하는 바람에 개혁은 실패하고 말았습니다. 갈리폴리 전투에서 오스만튀르크(현재 튀르키예 공화국)의 무력을 약화시키기 위해서 영국군을 파병했던 그의 작전도 인명과 재산 피해가 커서 사실상 실패한 작전이 되었답니다. 작전 실패에 대한 책임을 지고 장관직을 사퇴해야만 했다가, 제1차 세계 대전에 다시 장교로 참전하게 됩니다. 전쟁 당시 그는 군인들의 복지를 개선하기 위해 노력했습니다. 당시 피부병으로 고생하던 군인들을 위해 모든 장병이 목욕을 할 수 있도록 했고, 진솔한 대화를 통해 군인들의 정신적 고통과 스트레스를 진정시켰습니다.

제1차 세계 대전 때 보병의 모습

제2차 세계 대전: 처칠은 나치 독일이 영국을 공습할 것을 염려했고, 그의 견해가 맞았다는 것이 실제 전쟁이 터지면서 입증이 되자 영국 정부는 그를 해군 장관으로 임명했어요. 조지 6세의 승인으로 처칠이 총리에 임명되고, 처칠은 영국 본토 항공전을 막아 내고 연합국을 승리로 이끌었지요.
그리고 처칠은 소련의 팽창주의에 대항하기 위하여 '영어 사용 국민들 간의 단결'을 호소했고, 1951년 보수당이 정권을 잡아 총리에 재임명되었습니다.

넷 헬렌 켈러

헬렌 켈러(1880~1968년)는 미국의 작가, 교육자이자 사회주의 운동가입니다. 그녀는 시각과 청각의 장애를 딛고 일어서 장애인 최초로 인문계 학사 학위를 받았어요. 헬렌 켈러는 많은 집필 활동을 했어요. 그리고 여성의 선거권과 참정권, 비참한 노동 환경에서 일하던 노동자의 인권을 위해 투쟁함으로써 자본주의를 극복하고자 노력했답니다. 헬렌 켈러를 떠올리면, 앤 설리번 선생님의 인내와 사랑으로 장애를 극복한 여성으로만 생각될 테지만, 장애를 떠나 헬렌은 진보적인 사회 운동을 실천한 사회주의 지식인이었답니다.

장애를 극복한 헬렌 켈러

사후의 명예

- 1999년 헬렌 켈러는 '갤럽이 선정한 20세기에서 가장 널리 존경받는 인물' 18인 중 한 사람으로 선정되었습니다.
- 2003년 앨라배마주는 주를 상징하는 쿼터(25센트) 동전에 헬렌 켈러를 그려 넣었어요.
- 앨라배마 세필드에 있는 '헬렌 켈러 병원'은 앨라배마주가 헬렌으로부터 기증받은 것입니다.

1887년. 헬렌 켈러와 앤 설리번

who? 지식사전

앤 설리번

앤 설리번(1866~1936년)은 헬렌 켈러를 가르치는 일이 끝난 뒤에도 계속 동반자로서 헬렌 켈러의 곁에 남아 있었다고 해요. 그녀는 스코틀랜드에서 온 젊은 여성으로 헬렌 켈러를 만나기 전까지는 시청각 장애인에 관한 경험이 거의 없었답니다. 그런데도 굉장한 열의로 헬렌 켈러를 훌륭하게 성장시켰지요.
앤 설리번은 1905년에 결혼했고, 1914년경부터 건강이 안 좋아지기 시작했어요. 그녀가 떠나고 나서 헬렌 켈러는 폴리 톰슨의 도움을 받아 각국을 돌아다니며 장애인을 위로하고 격려했고, 그들의 교육과 사회적 시설의 개선을 위해 힘썼답니다.

5 트로이는 분명히 존재해

음, 지금까지 모은 재산만으로도 트로이 발굴을 충분히 할 수 있게 되었어.

슐리만은 사업가로 크게 성공하고 나서야 그리스어를 공부하기 시작했습니다.

드디어 그리스어를 공부할 때가 온 거야.

그리스어

사장님, 점심을 또 빵으로 때우시려고요?

쉿, 집중하실 땐 아무 소리도 못 들으셔.

돈이 많으니 편하게 즐기면서 살아도 될 텐데…….

어디 그럴 분인가?

역시 원어로 읽으니 그 감동도 커지는구나.

2년 동안 빠짐없이 고대 그리스 문학 작품을 읽은 슐리만은 한창 잘나가던 사업을 정리하고 트로이 발굴을 시작하기로 합니다.

곧바로 정리하지 않겠습니다. 그러면 여러분들 모두가 갑자기 직장을 잃어버릴 테니까요.

후유, 다행이다.

슐리만이 발굴을 시작하려 할 때에도 사람들은 여전히 트로이 발굴에 대해 회의적이었습니다.

학자들조차 트로이가 있는지 의심하고 있다던데!

한창 잘나가는 사업을 접었다가, 트로이가 없으면 어쩌려고?

이런!

모든 역사는 파헤쳐지기 전에는 그냥 전설이나 신화일 뿐이지. 트로이는 아직 그 흔적이 발견되지 않았을 뿐이야.

아니, 저 아까운 배를 왜 태우려는 거지?

사업을 그만둬서 배가 필요 없어졌대.

그렇다고 배를 태울 것까지야 없지 않나?

이렇게 하지 않으면…….

잘나가는 사업에 대한 미련을 완전히 버릴 수 없을 거 같아서요.

슐리만은 1864년부터 세계 곳곳을 돌아다니며 견문을 넓혔습니다.

인도 사람들은 삶과 죽음을 굳이 구분하지 않는구나.

베트남의 전통 의상인 아오자이가 바람에 펄럭이는 모습이 매우 아름답군.

여기에는 무슨 일로 왔나요?

세상에 대한 견문을 넓히기 위해 여행을 하고 있답니다.

일본에는 가는 곳곳마다 수많은 신들을 섬기는 모습이 신기하군.

고대 페니키아의 식민 도시 카르타고부터 이집트, 인도, 싱가포르, 중국 등 슐리만은 어느 나라 사람을 만나든 그 나라 말로 대화를 나눌 수 있었습니다.

저는 트로이를 발굴하겠다는 어릴 때의 꿈을 단 한순간도 잊은 적이 없었어요!

슐리만, 정말 대단해요!

저를 아세요?

슐리만, 트로이는 틀림없이 있어요. 난 영국의 고고학자 캘버트라고 합니다.

반갑습니다.

트로이 발굴을 하려면 먼저 고고학을 배워야 해요.

고고학요?

고고학은 유적과 유물을 통하여 옛 인류의 생활과 문화를 연구하는 학문입니다. 당시 고고학은 전문가가 따로 없었고, 몇몇 지식인들이 관심을 갖는 수준에 그쳤습니다.

고고학 단체

슐리만은 1866년 초에 프랑스 파리에 정착한 후, 소르본 대학에서 고고학 연구에 도움이 되는 고대 역사와 문학 작품을 배우기 시작했습니다.

고고학 연구에 도움이 되는 학문은 무엇이든 배워야지.

고대 인도어인 산스크리트어 시간이군.

고대 이집트의 언어, 역사, 문화 등을 연구하는 이집트학도 배워야 해.

슐리만, 자네가 기어코 박사 학위를 받을 줄 알았어. 축하하네.

47살에 받는 박사 학위이니 축하를 받아야 하고말고. 고맙네, 캘버트.

하하하.

1869년 4월에는 로스토크 대학에서 박사 학위를 받습니다.

이제 모든 준비가 끝났으니 트로이를 발굴하는 일만 남았군.

트로이는 없어요!

있다고 생각하는 학자들도 있대요.

어디에 있었다는 말입니까?

트로이가 실제로 있었다면 분명 부나르바시 마을 근처에 있었을 겁니다!

게다가 온천 샘으로 유명했던
이다산도 보이지 않는군.

그렇다면 트로이는
어디에 있는 걸까?

트로이 평원에는
강이 흐른다고 했는데
작은 개울만 있구나.

부나르바시는 절대로
트로이가 아니야! 학자들의
주장은 틀렸어!

트로이를 찾는 여정은 고되고 위험했습니다.

아, 더워.

먹을 거라곤 보리빵과 강물뿐이네.

뜨거운 햇볕에 빵이 돌처럼 딱딱해져 먹을 수가 없구나.

빵을 강물에 담가 불린 다음에 먹어야겠군.

트로이의 영웅들도 이 강물에서 나처럼 물을 마셨을까?

히사를리크 언덕

여기는 부나르바시보다 바다에서 훨씬 더 가깝군.

《일리아드》를 다시 확인해 볼까?

이곳 히사를리크 언덕에선 하루에도 몇 번씩 바다를 왔다갔다 할 수 있고말고!

그리스인과 트로이인은 배의 정박지에서 트로이 사이를 하루에도 몇 번씩 옮겨 다니며 싸웠다.

무엇보다 부나르바시 언덕은 비탈이 거의 기어오를 수 없을 정도로 가파르지만,

이곳 히사를리크 언덕은 완만해서 말을 타고 너끈히 싸울 수가 있었을 거야!

여기야! 여기가 바로 3천 년 전 그리스 연합군과 트로이 용사들이 10년 동안 싸운 트로이 성터야!

《일리아드》에 나와 있는 그대로, 동남쪽으로 아득하게 솟아 있는 이다산이 보이는군.

트로이 평원에는 강이 흐른다.

이제 《일리아드》에서 말한 강물만 찾아내면 되는 거야.

생각만으로도 가슴이 벅차오르는군!

그런데 어디서부터 어떻게 파낼 생각이지?

《일리아드》에 따르면 트로이는 높은 성벽에 둘러싸여 있었어. 성 안 중앙의 한층 더 높은 곳이 아테네 신전이고, 신전 가까운 곳에 트로이 왕 프리아모스의 궁이 있었지.

그러니 중앙의 가장 높은 곳에 있는 아테네 신전부터 찾는 게 좋겠어. 바로 저기!

이곳에 정말 트로이가 묻혀 있을까?

있거나 말거나, 우린 그저 땅이나 적당히 파내고 돈만 받으면 되는 거야.

슐리만, 우리가 정말 아테네 신전을 찾아낼 수 있을까?

《일리아드》에는 헥토르가 그의 어머니 헤카베 왕비에게 아테네 신전에 가서 트로이의 승리를 기도해 달라고 부탁하는 장면이 있어.

슐리만은 호메로스의 《일리아드》에 쓰여 있는 그대로를 믿고 트로이 발굴을 진행했습니다.

한편, 발굴 현장에서는 폭염과 갈증으로 일꾼들이 고통을 겪고 있었습니다.

바로 이곳에서 트로이의 무녀들이 기도드렸지.

커다란 항아리의 물도 금세 바닥나는군.

물, 물 좀……

깨끗한 물을 구하기도 어려우니.

학자들의 모임

소식 들었어요? 슐리만이라는 사업가가 히사를리크 언덕에서 트로이를 발굴하고 있대요.

믿는 거야 자유지만, 무턱대고 땅부터 파헤치고 있으니 문제죠.

발견된 도자기는 빠짐없이 제게 가져다주세요.

하찮은 도자기 조각은 뭐하시게요?

도자기를 잘 연구하면 그것을 사용하던 시대와 사람들, 문화를 알아낼 수 있거든요!

이 흙은 다른 곳과 색깔이 좀 다른데?

여기는 표시해 놓았다가 더 파 봐야지.

에이, 오늘도 허탕이군. 내일 아침 다시 쓸 거니까 도구는 그대로 두고 갑시다!

내일 뵐게요.

언덕 위에 서니 바람이 세차게 부네요.

호메로스가 '바람이 세찬 트로이성'이라고 표현했던 그대로예요.

휘 이 이 잉

어서 오세요. 아침밥은 드셨어요?

몸은 좀 어떠세요? 많이 안 좋으면 좀 쉬세요.

추운데 이 옷을 덧입으세요. 제가 입던 옷이지만 아주 따뜻하답니다.

이렇게 고마울 데가.

이걸 봐! 호메로스가 노래한 바로 그 술잔이야!!

술의 신 디오니소스가 항상 갖고 다녔다는 그 술잔이죠?

올림포스 산에서 신들이 연회를 열고, 이 술잔에 생명의 술인 *넥타르를 따라 돌려 마셨지요.

이것 좀 봐요! 이 항아리는 엄청 커서 안에 사람이 들어가서 살 수도 있겠어요.

어떻게 이렇게 화려하게 만들었을까요?

이곳에 한때 화려한 도시가 있었다는 증거지요. 모두 트로이의 유물이 틀림없어요!

곧 트로이가 나타날 거예요! 더 깊이 파 내려가도록 해요!

*넥타르: 마시면 절대 죽지 않는다는 그리스 신화에서 신들이 마셨던 신비로운 술

아래 쌓인 지층일수록 오래된 것이기 때문에, 구덩이를 더 깊이 파 내려가도록 했습니다.

앗, 흙벽이 무너져 내린다! 사람들이 묻혔어요!

뭣?

휴, 정말 큰일 날 뻔했군.

이상하지? 꽤 깊이 파는데도 아테네 신전은 나타나지 않아.

신전의 위치를 잘못 짚은 것 같아. 발굴 범위를 더 넓혀야겠어.

트로이 발굴 작업으로 1873년 6월 15일까지 3년 동안 100여 명이 37미터 높이 언덕에서 25만 톤이나 되는 흙을 파냈습니다. 돌이 깔린 대지와 건물 벽이 나타난 것은 발굴을 시작한 지 2년째 되는 해였습니다.

어, 이건? 슐리만, 여길 좀 봐! 불에 탄 흙이 발견되었어!

틀림없이 성채 곳곳에 불에 탄 흔적이 남아 있을 거야! 안으로 들어가서 내 눈으로 성벽을 확인하겠어!

이 성벽이야말로 트로이의 프리아모스 왕의 궁전을 빙 둘러쌌던 성벽이 틀림없어!

이 경사로를 따라가면 스카이아 문이 나올 거야.

바로 이 스카이아 문 위에서라면 전쟁터에 물결치는 그리스군을 내려다보며 적군의 장군을 쉽게 구분할 수 있었을 거야.

히사를리크 언덕에서 트로이 유적이 발굴되다.

1873년, 슐리만의 발굴 기사가 언론에 보도되자 유럽은 엄청난 흥분에 휩싸였습니다.
학자든 일반인이든 온통 트로이 이야기였습니다.

대단한 사람이야.
《일리아드》를 들고 다니며 그 내용대로 찾아 헤매더니 기어이 밝혀냈어.

목동과 염소 외에는 아무도 거들떠보지 않던 이 나지막한 언덕에 트로이의 성채가 있었다고?

지금까지 우리들이 얼마나 자주 이곳을 지나다녔는데. 우리 학자들은 반성해야 돼요.

아무 의심도 없이 여태 부나르바시가 트로이라고 믿었군.

슐리만이 맞았네요.

트로이는 분명히 존재해 **131**

고고학이란?

사람은 죽지만 유물은 남습니다. 사람들이 만든 집, 도시, 기념물은 수천 년 동안 남아 있지요. 이런 건물들은 몇백 년 동안 거의 그대로 보존되기도 하고, 때로는 알아볼 수 없을 만큼 훼손되기도 합니다.

옛날 사람들이 살던 땅에서 나온 물건을 연구하다 보면, 그 시대 사람들이 어떻게 살았고, 어떤 환경이었는지 알아낼 수 있습니다. 그래서 고고학이라는 학문이 발달하게 된 겁니다.

고대 로마의 신전

하나 · 고고학의 발달

사람들은 신성한 물건이나 조상이 중요하게 생각했던 장소에 늘 관심이 많았습니다. 처음의 유물 발굴은 단순하게 땅을 파내는 정도였습니다. 그러다 18세기 후반이 되어서야 과거를 이해하기 위해 고고학의 체계를 세우기 위한 노력이 시작되었답니다.

시간이 흐르면서 무작정 땅을 파고들어 가는 것이 유물을 찾는 데 별 도움이 되지 않는다는 것을 알게 되었어요. 그래서 고분을 발굴할 때도 층위(지층이 쌓인 순서)에 따라 발굴해

who? 지식사전

법의학, 부검의 도구들

고고학과 관련된 직업

- 법의학자: 최신 과학 기술을 이용해서 사람의 유골을 조사합니다.
- 역사학자: 과거의 사람이나 그 사람들이 살았던 장소, 그때 있었던 사건에 대해 연구하고, 관련된 글을 쓰지요.
- 여행 가이드: 고고학 유적지를 방문한 여행객들을 안내합니다.
- 자원봉사자: 지역 고고학자들의 발굴과 보존 작업을 도와요.

가면서 나오는 유물들을 연대순으로 나누었지요. 현대의 고고학은 발굴에서부터 과학적인 사고가 중요해졌답니다.

모험의 시기 고고학: 19세기와 20세기 초에는 중동에서 발굴이 활발히 이루어졌습니다. 하인리히 슐리만처럼 발굴에 관심이 있는 사람들이 자신의 재산을 털어 발굴하기 시작했습니다.

지구 반대편에서는 미국 외교관 존 로이드 스티븐스(1805~1852년)가 멕시코의 깊은 정글 속으로 탐험을 떠났답니다. 그리고 스티븐스는 그곳에서 수백 년 전 마야 사람들이 살던 도시의 옛터를 발견했어요.

과학적인 고고학: 발굴한 유물은 어떻게 분석할까요? 고고학자는 유물을 수집한 뒤 실험실과 연구실로 가져가 그것들을 과학적으로 조사하고 연구합니다. 고고학 유적지에서는 짧은 기간에도 꽤 많은 양의 발굴물을 가져오게 됩니다. 3주 동안 발굴 작업을 하면, 실험실에 돌아와 그 발굴물에 대해 분석하는 작업은 3개월 넘게 이어진답니다.

고고학은 다른 학문과 교류가 원활해야 합니다. 예를 들어, 당시 생물이나 환경을 알기 위해서는 동식물학에 대한 지식이 쓰이고, 금속 제품에 대한 분석은 자연 과학적 분석이 필요하거든요.

앞으로의 고고학: 유물을 많이 수집하는 것이 고고학의 목표가 아닙니다. 수집한 유물을 통해 우리가 지금까지 알고 있던 과거를 점점 더 넓혀 가는 데 더 큰 의의가 있지요. 앞으로도 발굴물의 더 나은 측정 방법과 보관 방법, 또 전시 방법에 대하여 다양하게 시도해야 하며, 새로운 이론을 개발하는 것에도 관심이 필요합니다.

영국의 고고학자 하워드 카터(1874~1939년)

순금으로 된 투탕카멘 마스크. 하워드 카터가 1922년에 발굴했지요. ⓒ Jon Bodsworth

둘   고고학자는 어떤 일을 할까?

고고학자란 유적지를 발굴하고 과거 사람들의 유물을
조사해서 그 시대에 대해 연구하는 사람을 말합니다. 오래된
그릇 조각, 부서진 나무 조각들을 자세히 조사해서 옛날
사람들이 어떻게 살았는지 알아냅니다. 그래서
고고학자는 유적지에서 찾게 되는 아무리 작은
조각이라 해도 주의 깊게 살펴본답니다.
고고학은 유적지에서 발굴 조사를 해야 하므로
학문의 활동이 대부분 야외에서 이루어집니다.
따라서 추위와 더위, 비와 바람 등과 같은 자연
현상을 이겨 낼 수 있는 체력과 발굴에 대한
마음가짐이 중요하지요.

이집트의 유적 발굴 현장 ⓒ HannahPethen

유물의 발굴: 고고학자가 어떤 지역에 유물이
있다는 것을 확인하면 곧 발굴하여 자세한
조사가 시작됩니다. 그리고 유적지와 유물에
대해 과학적으로 분석하지요.

① 먼저 발굴 구덩이를 팝니다. 넓은
유적지일 경우에는 체계적인 조사를 위해 한
팀씩 구역을 나눠서 맡기도 해요.

② 솔처럼 단순한 도구를 이용해서 흙을
파거나 모래를 털어 냅니다. 때로는 레이다나
음파 탐지 장비 등의 기계를 이용하기도
해요.

③ 유적이나 유물이 어느 시대의 것인지
알아봅니다. 가령 일 년에 한 개씩 만들어지는
나무의 나이테를 보고 나무의 나이를 측정하는
것처럼요.

④ 발굴해 낸 유물은 조심스럽게 세척하고,
부식을 방지하기 위해 화학 처리를 합니다.

발굴 지역은 출입을 통제해 유물을 보호합니다. ⓒ ell brown

유물 보상 기준: 문화재 보호법에는 발견한 문화재를 국가 기관에 신고하면 적절한 보상을 하도록 규정되어 있습니다. 단, 정당한 방법으로 문화재를 얻어야 하고, 일정한 기간 안에 신고해야 하지요. 반대의 경우라면 처벌받을 수밖에 없어요. 유물의 신고에 대한 보상 원칙은, 문화재 위원회의 감정을 거쳐 그 가치에 따라 땅 주인에게 반, 발견한 사람에게 반을 주게 되어 있어요.

만일 공해나 공유지에서 발견된 경우라면 땅의 주인이 국가나 지방 자치 단체이기 때문에 발견한 사람에게만 반을 준답니다.

그런데 왜 내가 발견한 유물을 내가 갖지 못하는 것일까요? 18세기와 19세기의 부유한 유럽인들은 외국의 유적지를 발굴해서 자신들이 그 보물을 가졌어요. 하지만 요즘에는 유물을 가장 먼저 발견했다고 해서 자기가 보관하는 것은 바람직하지 않다고 여기고 있지요.

유물은 잘 관리하고 보관해야 할 우리의 역사이니까요. 유적지 주변을 통제하는 이유도 우리의 문화재를 보호하기 위해서랍니다.

우리나라에서 가장 규모가 크고 많은 유물을 소장한 국립중앙박물관 © Ian Muttoo

신라의 역사를 직접 눈으로 볼 수 있는 국립경주박물관 © NW-Photos.com

who? 지식사전

꾸준히 발굴되는 유물

서울시 은평구 진관동에 신도시 개발이 시작되자 서울역사박물관은 불교 관련 유적 자료를 확보하기 위해 지난 2009년부터 2년간 문화재 발굴 조사를 실시했어요. 발굴 조사를 한 결과 3동의 건물지와 기와 157점을 포함한 272점의 유물이 발굴됐답니다.

서울역사박물관의 입구 © Jjw

6 위대한 발견

1873년 5월 31일

모두 지쳐 보이는구나.

소피아, 오늘 작업은 이만 끝내도록 해요.

네? 퇴근 시간은 아직 멀었는데요?

일꾼들이 너무 피곤해 보여요. 가끔은 일찍 들어가 쉬게 해 줘야죠.

여기선 아무것도 나오지 않는데 우리도 이만 들어가서 일찍 저녁을 먹을까요?

나는 좀 더 파 보고 갈게요. 먼저 들어가 쉬고 있어요.

이 어마어마한 보물들이 어떻게 한곳에 묻히게 된 걸까요?

누군가가 프리아모스 궁전에서 이것들을 급히 상자에 넣어 챙겨 나오다 성벽 위에서 그만 적에게 맞았겠지요.

슐리만은 발견된 유물을 가지고 아테네로 돌아간 뒤 이듬해 1월 《트로이의 고대 유적》을 완성했습니다. 한 장의 지도와 발굴 모습, *출토품 등 200개 이상의 도판이 수록된 이 책은 미국과 영국에서 좋은 평을 받았습니다.

마치 헬레네가 된 기분이에요.

대단하군! 모든 발굴 작업을 사람들이 이해하기 쉽게 일일이 손으로 그려 넣었어!

*출토품: 땅속에서 발굴되어 나온 고대의 유품

하지만 슐리만의 목적을 오해하는 사람들도 있었습니다.

트로이는 무슨 트로이! 보물 때문이지.

그러니까 아테네로 가져갔죠.

슐리만, 터키 정부에서 통지서를 보냈어요.

허, 터키의 보물을 훔쳐 갔으니 벌금으로 400파운드를 내라는군.

네? 400파운드면 발굴한 보물의 절반에 해당되는 큰돈인데요?

돈이 문제가 아니에요.

그렇군요. 보물을 가지려는 욕심 때문에 발굴했다는 오해를 받게 되었으니 어쩜 좋아요?

보물을 잘 보관할 수 있는 박물관을 준비하던 중이었는데.

슐리만이 400파운드가 아니라 2000파운드를 보내왔습니다!

어째서?

보물이 욕심나서 발굴을 한 게 아니므로, 이 돈으로 박물관을 만드는 데 사용해 달라고 합니다.

그동안 우리가 슐리만을 오해하고 있었군.

뭐라고요? 발굴이 끝난 지 얼마나 됐다고 또 어딜 가겠다는 거예요?

미케네로 가려고요.

스파르타의 왕비 헬레네가 트로이의 왕자 파리스를 따라가 버리자, 헬레네의 남편은 미케네의 왕 아가멤논에게 가서 도움을 청했지요.

당신의 꿈인 트로이 발굴은 이제 끝났잖아요?

트로이 전쟁 이야기는 아직 끝나지 않았어요. 트로이의 최대의 적, 그리스 연합군의 총사령관이었던 아가멤논 왕의 성채를 발굴해야 돼요.

슐리만은 트로이 유적이 발견되었으니 이와 관련된
미케네도 트로이처럼 실존했을 거라는 확신을 가졌습니다.

한 가지 일이 끝나면
즉시 다음 일을 시작하네.
어째서 조금도 쉴 줄을
모르지?

미케네 발굴은 1874년과 1876년,
두 차례에 걸쳐 진행되었으며,
1876년에는 동시에 세 곳에서
발굴이 진행되었습니다.

아드리아 해
발칸반도
흑 해
이탈리아 반도
오르코메노스
소아시아
테살리아
히사를리크(티린스)
에게 해
이오니아
아테네(아티카)
시칠리아
코린트
올림피아
미케네
티린스
크노소스

고대 그리스 주변 지도

아가멤논의 성은
크고 단단한 돌덩이로
이루어져 있답니다.

이걸 봐요, 산 중턱에 파 놓은 둥근 천장의 지하 분묘도 파괴되지 않고 그대로 남아 있군요!

미케네에서는 반구형의 천장을 지닌 돔 모양의 묘를 지하에 만들었어요. 그러니 내실 중앙을 밑바닥까지 파 내려가 봐요. 분명히 아가멤논의 묘가 성채 내부에 있을 거예요.

미케네의 성벽은 길이 2미터 가량의 거대한 돌로 만들어져 있어서,

사람의 손으로는 옮길 수 없었을 텐데, 어떻게 성채를 만든 것일까요?

그래서 그리스인들은 사람이 아닌 거인족이 만들었다고 생각했지요.

아⋯⋯.

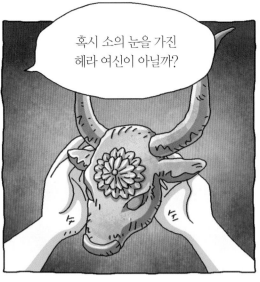

이중으로 된 손잡이 위에 황금 비둘기가 장식되어 있다는 내용이 《일리아드》에 나오거든요.

정말 아름답군요.

네스토르는 아가멤논이 아끼던 참모였으니까, 이곳의 무덤은 아가멤논과 그 일족들의 무덤일 거야.

슐리만은 이때 발견한 황금 가면이 아가멤논의 것일지도 모른다고 생각했습니다.

시신 곁에서 황금 술잔과 은 술잔들이 쏟아져 나왔어요!

그런데 미케네의 보물들이 어떻게 전혀 도굴당하지 않은 채 고스란히 남아 있을까요?

상황이 급박했을 거예요. 적에게 보물이 있는 곳을 알려 주고 목숨을 구걸할 겨를조차 없었겠죠.

미케네는 트로이보다 훨씬 발달된 문화를 가지고 있었습니다. 슐리만은 미케네의 출토품을 그리스 고고학회에 기증했고, 학회는 그것들을 정리하여 1878년 영어와 독일어로 《미케네》를 출판합니다.

어서 오게, 슐리만.

절 이렇게 반겨 주시니 감사합니다.

우린 자네가 호메로스의 서사시가 역사적 사실이라는 것을 증명하기 위해 온갖 어려움을 극복한 것에 대해 존경을 표한다네.

발굴 전까지 미케네 역시 옛날이야기에 불과했습니다.
기원전 1600~1125년 청동기 시대에 전성기를
누렸던 미케네 문명이 슐리만에 의해 밝혀진 것입니다.

또한, 슐리만은 1885년에 티린스 유적을 발굴합니다. 티린스는
미케네 문명 전에 건설되어 기원전 11세기 무렵 번영했지만,
기원전 168년에 아르고스의 공격을 받아 멸망했습니다.

티린스는 그리스 신화에
나오는 헤라클레스가
기적의 과제를 수행한 곳으로
알려져 있지요.

티린스 성으로 들어가는 통로

문이 여러 개 있어서 어디에 왕의 방이 있는지 모르겠군요.

가장 깊숙한 데 있었을 거예요.

크고 호화로운 왕의 방이 있고 그 주위로 작은 방들이 둘러싸고 있군요.

궁전 기둥들이 위로 올라갈수록 굵어져요!

여기 벽화가 흥미롭군요!

여러 상상의 동물 사이에 왕들의 전투 장면을 그려 놓았지요.

이 부분은 귀부인들이 전차를 타고 사냥하러 가는 모습이고요.

티린스의 귀족들은 매우 호화롭게 살았던 것 같아요.

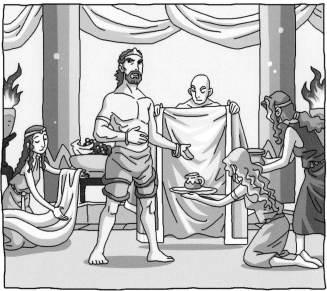

티린스의 성벽은 미케네보다 더 두껍고 견고했어요. 성벽을 쌓은 돌덩이 하나를 당나귀 두 마리가 끌어도 끄떡도 하지 않을 정도였지요.

슐리만 선생님, 질문이 있어요!

뭔가요?

수없이 많은 고대 유물을 발굴했는데 돈으로 따지면 얼마나 되나요?

술렁
술렁

어마어마해서 계산조차 할 수 없을 정도일 거야.

하하, 그것을 값으로 따질 수는 없지요.

하지만 저는 그것들을 팔아 돈과 바꿀 생각은 조금도 없습니다.

아니, 어째서요? 그동안 발굴에 들인 돈도 엄청나다고 하던데요?

그것들은 제 것이 아니라, 인류 역사의 것입니다. 그러므로 박물관에 기증해야 한다고 생각합니다.

당시는 아직 박물관을 만들거나 자유로운 연구를 위해 발굴품을 공개하는 것이 일반적이지 않던 때였습니다.

하인리히 슐리만의 삶

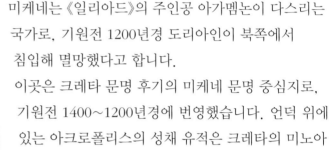

하나 슐리만이 발굴한 유적과 유물

고대 도시 미케네

미케네는 《일리아드》의 주인공 아가멤논이 다스리는 국가로, 기원전 1200년경 도리아인이 북쪽에서 침입해 멸망했다고 합니다.

이곳은 크레타 문명 후기의 미케네 문명 중심지로, 기원전 1400~1200년경에 번영했습니다. 언덕 위에 있는 아크로폴리스의 성채 유적은 크레타의 미노아 문명에서는 볼 수 없는 것으로, 이 시대부터 전쟁이 본격화되었음을 알 수 있어요.

슐리만은 1874년과 1876년 두 차례 발굴을 진행해 아크로폴리스를 중심으로 사자문, 왕궁터, 분묘군과 황금 가면, 황금판, 황금컵 등을 발굴해 냈답니다.

미케네의 사자문 ⓒ Andreas Trepte

who? 지식사전

풀리지 않는 수수께끼, 모아이

태평양의 이스터섬에서 발굴된 거대한 돌 조각상 모아이의 정체는 아직도 풀리지 않고 있어요. 모아이는 큰 머리에 다리가 없고 몸통만 있는 거대한 석상들이에요. 그 높이는 3.5~5.5m에 이르고, 이스터섬 곳곳에 약 900여 개가 놓여 있지요.

1722년 네덜란드인 야코프 로헤벤이 처음 발견하였으며, 도대체 이렇게 큰 돌 조각상을 그 옛날에 어떻게 만들었는지 알 수가 없었습니다. 모아이가 있는 이스터섬은 초원 지대이며 나무도 없어 이렇게 큰 바위를 어떻게 운반했는지도 의문이지요.

한편, 과학자들은 17세기까지는 이 섬에 나무가 번성했으며, 모아이를 이루는 돌의 재질이 물러 가공이 쉽다는 이유로 원주민들이 만든 것으로 추정하고 있답니다.

그럼에도 속 시원히 풀리지는 않는 수수께끼를 간직한 모아이는 1995년 유네스코 세계 문화유산에 등재되었어요.

이스터섬의 모아이

둘   슐리만의 주요 저서

- 1865년《현재의 중국과 일본》: 사업을 정리하고, 세계 여행을 통하여 견문을 넓히고 쓴 첫 번째 저서입니다.

- 1869년《이타케, 펠로폰네소스, 트로이》

- 1874년《트로이와 그 유물》

- 1878년《미케네》: 미케네 고분에서 슐리만은 15구의 시신과 함께 금, 은, 청동, 상아로 된 많은 보물을 발견했어요. 슐리만은 이것이 미케네의 왕 아가멤논과 왕비 클리타임네스트라의 무덤이라고 믿었으며, 발굴 결과를 네 번째 저서《미케네》에 담았지요.

- 1881년《일리오스》,《오르코메노스》,《트로아스 여행》

- 1884년《트로이》

- 1886년《티린스》

- 1890년《1890년의 트로이 발굴 작업 보고서》

사자문의 사자상 ⓒ Darid Monniaux

셋   슐리만이 고고학에 미친 영향

슐리만은 그때까지 아무도 실제로 존재했다고 상상하지 못했던 2개의 대문명인 트로이 문명과 미케네 문명을 발견했습니다.

또한 발굴의 방법론으로 보았을 때도 슐리만은 큰 공로자라고 할 수 있습니다. 그때까지의 고전 고고학이 주로 고대 미술품을 대상으로 삼고 있었던 데 반해, 슐리만은 미술 작품 외에 생활용품, 특히 거주지 전체가 중요한 고고학 자료가 된다는 것을 보여 주었습니다. 슐리만은 그리스 땅에서 처음으로 선사 시대 연구를 시작한 사람으로서 선사 고고학과 고전 고고학을 손잡게 만든 사람이라고 할 수 있습니다.

클리타임네스트라의 무덤 입구 ⓒ Adam Carr

골드러시와 슐리만

1850년에 슐리만은 동생을 찾아 골드러시가 한창이었던 캘리포니아에 갔습니다. 그런데 마침 캘리포니아가 주로 승격되는 날이어서 그 기념으로 슐리만은 미국 시민권을 얻게 되었고, 곧 캘리포니아에서 사금 무역을 통해 큰돈을 벌 수 있었습니다.

골드러시는 상업적 가치가 있는 금이 발견된 지역에 많은 노동자들이 그곳으로 몰려드는 현상을 뜻하는 말입니다. 19세기에 아르헨티나, 오스트레일리아, 브라질, 캐나다, 칠레, 뉴질랜드, 남아프리카, 미국 등에서 진행되었지요. 그 결과로 새로운 지역에 이주민 정착촌들이 건설되었고, 이주민들만의 독특한 문화가 생겨났습니다. 새로 개발된 금광에서 채굴된 금은 화폐 경제에도 영향을 미쳤습니다. 북미 대륙에서 처음으로 금이 발견된 것은 1820년 말, 달로네가 근처였지만, 많은 양의 금이 발견되지는 못했기에 골드러시가 이뤄지지는 못했습니다.

가장 잘 알려져 있는 골드러시는 1848년 캘리포니아의 새크라멘토강 근처에 있는 존 서터의 제재소에서의 일입니다. 1848년 1월 24일, 존 서터가 제재소를 건설하고 있는 동안 그가 고용한 목수, 제임스 마셜이 우연히 금을 발견하였는데, 소문이 퍼지자 수천 명의 사람들이 제재소로 몰려들었죠. 본격적인 골드러시가 이루어진 1849년 한 해 동안 약 80,000명의 사람들이 캘리포니아의 금광 지대에 몰려들었고, 1853년에는 그 수가 250,000명에 달했다고 합니다.

1850년대, 한 이주민이 사금을 채취하고 있어요.

캘리포니아의 골드러시를 전하는 신문

크림 전쟁과 슐리만

슐리만이 인디고를 수입하는 회사를
경영하던 중에 크림 전쟁이 일어났지요.
전쟁으로 인해 모든 항구가 봉쇄되어
인디고를 실어 올 수 없게 되었으나,
슐리만은 육로를 이용해 오히려 더 많은
투자를 하여 큰돈을 벌게 되었습니다.
또한 인디고뿐만 아니라 염료용 목재,
전시품 흑색 화약(초석, 유황, 납)으로 큰
이익을 얻어 1년 사이에 재산이 2배 이상
늘었습니다.

크림 전쟁이 일어난 크리미아반도의 위치 ⓒ Sven Teschke

인디고는 남빛의 색소 성분으로,
천연적으로는 콩과의 인도남, 유채과의
대청 등에서 채취합니다. 1880년대에 아닐린을 원료로 하여
화학적으로 인디고를 합성하는 데 성공할 때까지 산업 혁명의
견인차인 섬유 산업에서 인도남의 거래는 큰
비중을 차지했답니다.

크림 전쟁은 1853년 10월부터 1856년
2월까지 지속된 러시아 제국과 연합국과의
전쟁입니다. 연합국에는 영국, 프랑스, 독일,
오스트리아, 튀르키예 등이 참가했습니다.
러시아가 남하 정책을 강행하자, 영국을
중심으로 한 연합국이 반격에 나섰어요. 1년에
걸친 전쟁으로 러시아는 패배했고, 전쟁이 끝난
뒤 파리 강화 조약으로 몰도바, 세르비아의
자치권 확립, 튀르키예의 독립과 영토 보존,
다뉴브강 항해 자유화, 흑해의 중립화 등이
결정되었답니다.

크림 전쟁의 결과. 파리 강화 조약이 체결되었어요.

7 고대 문명을 발굴하다

우리 독일 학자들은 아직도 슐리만의 발굴을 그대로 믿을 수가 없소.

트로이나 아가멤논의 성에서 발굴한 유물들이 사실은 가짜라면서요?

슐리만은 보물이나 노리는 장사꾼이 틀림없어요. 사업을 하다 말고 발굴에 나선 이유가 뭐겠어요?

게다가 땅을 마구 파헤쳐서 귀중한 유적을 훼손하니 정말 큰일 아닙니까?

슐리만이 이제야 자신의 연구 방법에 문제가 있다는 것을 인정했군요!

학자로서 자신의 주장을 뒤집기는 쉽지 않았을 텐데…….

정말 용기 있는 학자야. 더욱더 존경스러워지는걸?

1878년 9월 말, 슐리만은 히사를리크 언덕을 더 깊이 파 내려가기로 하고, 선사 시대의 유적에 관한 독일 최고의 학자, 그리고 프랑스의 동양학 교수 등과 함께 갔습니다.

이걸 봐요!

일리아드

트로이 유적 연구와 그 발견

그, 그럼.

트로이 시대 이외의
도시가 또 있었다는
말인가?

그때의 보물들이
트로이 전쟁 때의 것이
아니었다니!

슐리만은 그제서야 자신이 발견했던 보물이 사실은
트로이 전쟁 때의 것이 아니라는 것을 알게 되었습니다.

아아, 트로이의 성채를
한시라도 빨리 보고 싶은 마음에
발굴을 너무 서두른 탓이야.

아마추어 주제에
《일리아드》에 의지해
제멋대로 유적을
마구 파괴했어.

그동안 오로지
내가 가진 신념만 옳다고
주장했구나. 다른 학자들의
말에도 귀를 기울였어야
했어.

되르펠트, 자네는 건축가이자
고고학자이니 나를 좀
도와줘요.

1882년 3월부터 슐리만은 건축가, 미술사가,
문헌학자 등 전문가들을 고용해서 발굴을
과학적으로 진행합니다.

당신 같은
미술사가의 의견도
꼭 필요해요.

저는 히사를리크 언덕을
더 깊이 집중해서 발굴할
생각이에요. 전문가들의 도움이
꼭 필요하답니다.

이래서야 층층이 쌓인 유적을 어떻게 밝혀낼 수 있단 말인가.

이런 사실을 세계에 알려야겠어.

튀르키예 정부가 트로이 발굴을 방해하다!

관계자를 처벌하라!

세계에서 규탄을 하니 곧 발굴을 다시 시작할 수 있을 거예요.

아……!

슐리만, 갑자기 왜 그래요? 어디 아파요?

얼마 전부터 한쪽 귀가……, 이러다 말겠지요.

어떡하지……

유물층에서 나오는 것은 빠짐없이 수집하고 기록해야 해요. 그리고 각각의 의미와 예전의 용도를 알아내야 해요.

제가 보니 모두 선사 시대에 속하는 것들이군요.

되르펠트, 튀르키예 정부가 발굴을 허락했어요.

슐리만이 새로운 유적을 발굴할 때마다 전 세계 신문에 발표되고, 고고학을 모르는 사람들까지 열광했습니다.

고고학의 보고

히사를리크 언덕에 층층이 파묻힌 9개의 도시가 밝혀지다! 고대 그리스의 도시들이 수천 년간 번영과 멸망을 반복했던 장소였던 것이다!

세상에! 하나도 아니고 아홉 개?

1885년 아테네, 슐리만의 저택

포도도 탐스럽고 정원이 정말 예쁘게 가꾸어져 있군요.

모두 슐리만이 직접 심고 가꾼 것들이에요.

여러분, 환영합니다.

가족을 소개해 주세요.

딸 안드로마케예요. 트로이의 영웅 헥토르의 아내 이름이죠.

아들은 미케네의 왕 아가멤논의 이름과 같고요.

모두 호메로스의 영향이군요.

나를 고고학자로 이끌어 준 인물이니까요.

트로이를 비롯해 미케네와 티린스의 유적을 발굴했지만, 슐리만에게는 아직도 풀리지 않은 한이 있었습니다.

히사를리크 언덕에서 트로이 유적을 발견했다고는 하지만, 아직 트로이 전쟁이 정확하게 어디서 전개되었는지는 확정 짓지 못했어…….

슐리만, 이젠 제발 귀 수술부터 받으세요. 그러다 영영 안 들리게 될지도 몰라요.

이집트 여행을 마치고 와서 수술을 받을게요.

이집트에는 왜요?

이집트 문명은 호메로스의 시가 탄생될 무렵은 물론이고, 트로이 전성기에도 이미 수천 년의 역사를 지니고 있는 곳이니까요.

슐리만은 되르펠트와 함께 이집트로 여행을 떠났습니다.

아직 안 주무세요?

이집트에서 귀 수술을 받으면서까지 고고학에 매진한 슐리만이었습니다.

이집트의 풍토나 주민의 풍습, 기념물에 대해 기록하고 자려고요.

대단합니다! 하루도 빼먹지 않고 평생 일기를 쓰시다니.

아직 위험해요.

오늘도 힐 일이 많아요.

고대 문명을 발굴하다 **171**

슐리만은 다시 히사를리크 언덕에서의 발굴을 시작했으나, 1890년 12월 26일, 귀의 염증이 뇌를 침범해 결국 쓰러지고 말았습니다.

슐리만이 사망한 후에도 발굴 작업이 이어졌고, 결국 밑에서부터 2번째가 아니라 6번째 도시가 트로이임이 밝혀졌습니다.

산 정상에 우뚝 솟은 트로이성은 전쟁이 일어났던 시대의 전투 기술로는
접근조차 불가능할 정도로 견고했다. 그래서 그리스인들이
10년 동안이나 트로이성을 점령할 수 없었던 것이다.

트로이가 망한 건 목마 때문이 아니라 지진 때문이었어!

그런데 마침 트로이가 지진으로
파괴되자 그리스 연합군이
극적으로 승리할 수 있었다.

미국의 칼 브레건은
호메로스의 트로이로 알려진
6번째 지층이 지진으로
파괴되었다는 것을 발견했다.
성벽은 무너져 있었고 주춧돌들의
위치가 뒤바뀌어 있기도 했다.

하인리히 슐리만의 발굴 작업은 유적들을 파괴하며 진행했기 때문에 비난을 면할 수 없었지만, 모든 유물에 대한 꼼꼼한 기록과 연구에 대한 발표 등은 그가 학자로서의 면모를 분명히 가지고 있음을 보여 주는 것이었습니다.

이전까지의 고전 고고학은 주로 고대 미술품만을 다루었지만, 슐리만은 미술 작품 외에도 생활용품, 특히 거주지 전체에 대해 연구했습니다. 즉, 고전 고고학과 선사 고고학을 손잡게 만든 사람이라고도 할 수 있습니다.

감히 아무도 상상하지 못했던 2개의 대문명, 트로이와 미케네를 발견하도록 이끈 것은 고작 여덟 살짜리 어린 소년의 호기심과 상상력이었던 것입니다.

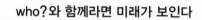

who?와 함께라면 미래가 보인다

어린이
진로 탐색

고고학자

어린이 친구들 안녕?
하인리히 슐리만 이야기 재미있게 읽었나요?

그렇다면 이제부터
하인리히 슐리만이 꿈을 키워 가는 과정을 함께 되짚어 보며
그가 활동한 분야와 그 분야에 속한 다양한 직업에 대해
살펴봐요!

또한 여러분에게는 어떤 장점과 적성, 가능성이
숨어 있는지 찾아보면서
그것을 어떻게 진로와 연결시킬 수 있는지에 대해서도
알아봅시다!

그럼 지금부터
여러분이 멋진 꿈을 향해 나아갈 수 있도록 도와줄
진로 탐색을 시작해 볼까요?

> 자기 이해부터
> 진로 체험까지,
> 다양한 진로 탐색
> 활동을 시작해 봐요!

관심 있는 분야는?

어린 시절 슐리만은 고대 그리스의 시인 호메로스가 지은 《일리아드》와
《오디세이아》에 푹 빠져들었어요. 전설로 전해져 내려오는 트로이 전쟁 이야기에
매혹되어 언젠가 트로이의 유적을 발굴하는 꿈을 꾸었고, 훗날 그 꿈을 이룰 수
있었어요.
여러분은 평소 특별히 더 관심이 있는 분야가 있나요? 자신이 관심을 갖고 있는
분야는 어떤 것이 있는지, 그 이유는 무엇인지 소개해 보세요.

관심 분야: 역사

이유: TV를 볼 때 역사를 다룬
다큐멘터리나 사극을 재미있게 봐.

관심 분야:

이유:

관심 분야:

이유:

관심 분야:

이유:

진로
탐색
STEP 2

열심히 했던 일은?

슐리만은 네덜란드에서 일할 때 외국어 공부를 열심히 했어요. 외국어를 잘하면 돈을
더 잘 벌 수 있기 때문이었지요. 슐리만은 밤중에도 큰 소리로 외국어를 공부하다가
하숙집에서 두 번이나 쫓겨나기도 했어요. 이런 노력의 결과, 슐리만은 불과 6개월
만에 영어를 완전히 익혔고, 프랑스어, 에스파냐어, 러시아어 등 여러 언어를
익혔습니다.
여러분도 슐리만처럼 무언가 열심히 했던 일이 있나요? 그 일은 어떤 것이었는지,
그렇게 열심히 한 이유는 무엇인지 적어 보세요.

내가 열심히 했던 일

그 일을 열심히 한 이유

역사와 관련된 직업은?

슐리만은 트로이의 존재를 밝히기 위해 고고학자가 되어 고대 그리스의 여러 유적을 발굴했어요. 그 결과 많은 사람들이 고대 그리스가 얼마나 발전된 문화를 가지고 있었는지, 트로이는 왜 멸망하게 된 것인지 등 여러 가지로 더 자세하고 정확하게 알 수 있게 되었지요.

슐리만과 같이 유물이나 유적을 보며 옛사람들의 삶과 역사를 알아보는 고고학자 외에도, 역사와 관련한 다양한 직업이 있어요. 여러분이 역사와 관련한 직업을 갖게 된다면, 어떤 일을 할 수 있을까요? 아래 다양한 직업을 살펴보고, 자신과 가장 잘 어울리는 일은 무엇일지 생각해 보세요.

고고학자	옛 인류가 남긴 유물과 유적을 발굴해 과거의 생활, 문화 등을 연구하는 일을 하는 사람
문화재 보존원	박물관이 소장하고 있는 유물이나 궁궐, 사찰 등에서 손상된 부분을 원래대로 되살리는 일을 하는 사람
민속학자	사람들의 일상생활과 관련되어 대대로 이어져 온 신앙, 풍속, 전설 등을 연구하는 사람
학예사	박물관에서 전시회를 기획하고, 전시회에서 선보일 소장품을 관리하는 일을 하는 사람

* 역사와 관련된 직업들 중 나와 가장 어울리는 직업은 무엇인가요?

----

* 왜 그렇게 생각하였나요?

우리나라를 대표하는
유적이나 유물은?

인류의 역사에는 수많은 나라들이 있었어요. 옛 나라들이 남긴 다양한 유적과 유물 중 오늘날까지 전해 오고 있는 것들도 있지요. 유적이란 궁궐이나 무덤처럼 역사적인 자취를 가리키고, 유물이란 왕관이나 그릇처럼 선조들이 남긴 물건들을 말해요.
우리는 유적이나 유물을 통해 옛날 사람들은 어떻게 살았는지, 과거에 무슨 일이 있었는지를 알 수 있답니다.
우리나라의 유적이나 유물 중에서 가장 널리 알려진 것은 무엇인지 알아보고, 옛날 사람들은 어떻게 살았을지 생각해 보세요.

시대	신라
유적이나 유물	경주 첨성대
특징	10미터에 가까운 높이를 돌로 쌓아 올렸어요. 별을 관측하는 데 사용되었다고 해요.

시대	
유적이나 유물	
특징	

유명한 고고학자가 되어
인터뷰를 한다면?

슐리만은 발굴을 통해 트로이가 어디에 있었는지 찾아냈고, 이전까지 트로이의
위치나 문화에 대한 잘못된 의견을 바로잡을 수 있었어요. 때문에 슐리만의 발굴은
언론에 크게 보도되어 온 유럽을 들썩이게 했어요.

20년 뒤 고고학자가 된 여러분의 모습을 상상해 보세요. 여러분이 중요한 유적이나
유물을 발견해서 신문 기자와 인터뷰를 한다면 어떤 내용일지 상상하여 아래 질문에
대답해 볼까요?

고고학계를 뒤흔든 발견! 그 주인공을 만나다

＊ 이번에 발견한 유적 혹은 유물에 대해 소개해 주세요.

＊ 그 과정에서 힘든 점이 있었나요?

＊ 왜 고고학자가 되셨나요?

＊ 앞으로 어떤 일을 하고 싶으신가요?

진로
체험

국립중앙박물관을 방문해요!

국립중앙박물관은 우리 역사의 중요한 유물들이 보관되어 있는 곳으로, 서울특별시 용산구에 위치하고 있어요. 무려 33만 점의 유물을 소장하고 있어, 우리나라의 여러 박물관 중에서도 가장 큰 규모를 자랑한답니다. 1층은 선사ㆍ고대관과 중ㆍ근세관으로 시대에 따라 우리나라의 중요한 유물을 전체적으로 살펴볼 수 있어요. 2층은 서화관과 과거 개인 소장품으로 이루어진 기증관, 3층은 조각ㆍ공예관과 중국, 일본, 중앙아시아 등의 문화재가 전시된 아시아관으로 구성되어 있어요.

국립중앙박물관 전경 ⓒ Jocelyndurrey

국립중앙박물관에는 특별히 어린이들을 위한 공간인 어린이박물관이 있는데, 전시품을 직접 만져 보며 즐길 수 있는 체험 공간이에요. '재미있는 과거로의 여행'이라는 주제로, 주거, 농경, 음악, 전쟁 등 네 개 영역으로 나뉘어 있답니다. 국립중앙박물관에서 우리 역사의 유물들을 살펴보고 다양한 체험 활동도 해 보세요.

어린이 박물관 내부 ⓒ Jeon Han, Korea.net

✳ 국립중앙박물관에서 보거나 체험했던 것 중 가장 인상 깊었던 전시물에 대해 적어 보세요.

....

....

183

연표 하인리히 슐리만

1822년		1월 6일, 독일의 소도시에서 가난한 목사의 아들로 태어났습니다.
1829년	7세	트로이 발굴의 계기가 되는 《어린이를 위한 세계의 역사》를 읽습니다.
1831년	9세	어머니가 세상을 떠났습니다.
1836년	14세	학교를 중단하고 1841년까지 잡화점의 점원으로 일합니다.
1841년	19세	함부르크에서 배의 선원으로 출항한 뒤 난파를 당합니다. 네덜란드에서 새로운 삶을 시작합니다.
1842년	20세	영어와 프랑스어를 비롯하여 여러 나라 언어를 독학으로 익힙니다.
1844년	22세	네덜란드 암스테르담의 슈뢰더 상사에 입사합니다.
1847년	25세	슈뢰더 상사에서 독립하여 개업에 성공합니다.
1854년	32세	10월, 크림 전쟁이 발발하며 사업을 더욱 번창시킵니다.
1864년	42세	사업을 접고 세계 여행을 떠납니다. 파리에서 고고학을 공부합니다.
1869년	47세	고고학자가 되기로 결심합니다. 그리스 여성 소피아 엥가스트로메노스와 결혼합니다.

1871년 49세	제1차 트로이 발굴 작업을 시작합니다. 1873년까지 3차 발굴 작업이 이어집니다.	
1873년 51세	트로이 프리아모스의 보물을 발견합니다.	
1876년 54세	미케네에서 원형 무덤을 발굴합니다.	
1878년 56세	《미케네》를 출간합니다. 1879년까지 제4~5차 트로이 발굴 작업을 합니다.	
1881년 59세	트로이 발굴품을 독일에 기증하고, 베를린 명예시민이 되었습니다.	
1882년 60세	되르펠트와 함께 제6차 트로이 발굴 작업을 합니다. 1884년까지 진행됩니다.	
1885년 63세	티린스 발굴 작업을 합니다.	
1890년 68세	3~8월, 제7차 트로이 발굴 작업을 합니다. 할레에서 귀 수술을 받고 아테네로 돌아가던 중 12월 26일 나폴리에서 삶을 마감합니다.	

찾아 보기

who? 한국사

초등 역사 공부의 첫 단추! '인물'을 알아야 시대가 보인다

● 선사·삼국　● 남북국　● 고려　● 조선

※ who? 한국사 (전 47권) | 대상 초등학교 전 학년 | 책 크기 188×255 | 각 권 페이지 190쪽 내외

who? 인물 중국사

인물로 배우는 최고의 역사 이야기

※ who? 인물 중국사 (전 30권) | 대상 초등학교 전 학년 | 책 크기 188×255 | 각 권 페이지 190쪽 내외

who? 아티스트

최고의 명작을 탄생시킨 아티스트들을 만나다

● 문화·예술·언론·스포츠

※ who? 아티스트 (전 40권) | 대상 초등학교 전 학년 | 책 크기 188×255 | 각 권 페이지 190쪽 내외

who? 인물 사이언스

기술로 세상을 발전시킨 과학자들의 이야기

※ who? 인물 사이언스 (전 40권) | 대상 초등학교 전 학년 | 책 크기 188×255 | 각 권 페이지 180쪽 내외

who? 세계 인물

세상을 바꾼 위대한 인물들의 이야기

※ who? 세계 인물 (전 40권) | 대상 초등학교 전 학년 | 책 크기 188×255 | 각 권 페이지 180쪽 내외

who? 스페셜 · K-pop

아이들이 가장 만나고 싶고, 닮고 싶은 현대 인물 이야기

※ who? 스페셜 · K-pop | 대상 초등학교 전 학년 | 책 크기 188×255 | 각 권 페이지 190쪽 내외